A MULHER FERIDA

Dados Internacionais de Catalogação na Publicação (CIP)
(Câmara Brasileira do Livro, SP, Brasil)

Leonard, Linda Schierse
   A mulher ferida: em busca de um relacionamento responsável entre homem e mulher / Linda S. Leonard; tradução Maria Silvia Mourão Neto. - São Paulo: Summus, 1997.

   Título original: The wounded woman.
   ISBN 978-85-323-0627-2

   1. Feminilidade (Psicologia) 2. Mulheres - Psicologia 3. Pais e filhas 4. Relações entre homem e mulher I. Título. II. Título: em busca de um relacionamento responsável entre homem e mulher.

97-3974   CDD-155.6

Índice para catálogo sistemático:
1. Relações entre homem e mulher : Psicologia 155.6

EDITORA AFILIADA

Compre em lugar de fotocopiar.
Cada real que você dá por um livro recompensa seus autores
e os convida a produzir mais sobre o tema;
incentiva seus editores a encomendar, traduzir e publicar
outras obras sobre o assunto;
e paga aos livreiros por estocar e levar até você livros
para a sua informação e o se entretenimento.
Cada real que você dá pela fotocópia não autorizada de um livro
financia um crime
e ajuda a matar a produção intelectual de seu país.

A MULHER FERIDA

Em busca de um relacionamento
responsável entre homens e mulheres

Linda S. Leonard

summus
editorial

Do original em língua inglesa
THE WOUNDED WOMAN
Copyright © 1982 by Linda Schierse Leonard
Direitos desta tradução reservados por Summus Editorial

Tradução: **Maria Silvia Mourão Neto**
Capa: **BVDA/Brasil Verde**

Summus Editorial
Departamento editorial
Rua Itapicuru, 613 – 7º andar
05006-000 – São Paulo – SP
Fone: (11) 3872-3322
http://www.summus.com.br
e-mail: summus@summus.com.br

Atendimento ao consumidor
Summus Editorial
Fone: (11) 3865-9890

Vendas por atacado
Fone: (11) 3873-8638

e-mail: vendas@summus.com.br

Impresso no Brasil

SUMÁRIO

Agradecimentos 7
Prefácio: Uma filha ferida 9

Parte I: A ferida

Capítulo 1: A ferida pai-filha 23
Capítulo 2: O sacrifício da filha 48
Capítulo 3: A eterna menina 62
Capítulo 4: A amazona de couraça 89
Capítulo 5: O homem interior 119

Parte II: A mágoa

Capítulo 6: Ira 155
Capítulo 7: Lágrimas 171

Parte III: A cura

Capítulo 8: Facetas femininas 183
Capítulo 9: A redenção do pai 191
Capítulo 10: O encontro do espírito femininó 211

SUMÁRIO

Agradecimentos 7
Prefácio: Uma filha ferida 9

Parte I: A ferida

Capítulo 1: A ferida pai-filha 23
Capítulo 2: O sacrifício da filha 48
Capítulo 3: A eterna menina 62
Capítulo 4: A amazona de couraça 89
Capítulo 5: O homem interior 119

Parte II: A mágoa

Capítulo 6: Ira 155
Capítulo 7: Lágrimas 171

Parte III: A cura

Capítulo 8: Facetas femininas 183
Capítulo 9: A redenção do pai 191
Capítulo 10: O encontro do espírito feminino 211

A meu pai.

AGRADECIMENTOS

Foram muitas as pessoas que me auxiliaram ao longo dos últimos seis anos enquanto escrevi este livro: clientes, alunos, colegas e amigos. Desejo agradecer a todos esses homens e mulheres que comigo partilharam suas experiências e perspectivas a respeito do relacionamento entre pai e filha.

Em especial quero agradecer ao Instituto C. G. Jung, de São Francisco, pelas bolsas de estudo que financiaram parte do trabalho burocrático deste livro; à equipe editorial do *Psychological Perspectives*, que publicou originalmente quatro artigos depois incorporados ao presente trabalho, e, em particular, a William Walcott, Russell Lockhart e Al Kreinheder por seu apoio e sugestões editoriais; a Donna Ippolito, da Swallow Press, pois suas sugestões foram imensamente importantes na revisão final deste texto; a Elaine E. Stanton pela concepção artística da capa; a Mary Ann Mattoon, de quem recebi o primeiro convite para fazer uma palestra sobre a ferida pai-filha e que mais tarde leu o manuscrito, dando-me várias sugestões; a meu grupo de redatores, John Beebe, Neill Russack e Karen Signell, que ouviu a leitura de alguns capítulos em sua forma original e me propôs novas perspectivas com suas críticas construtivas; a Peer Hultberg, John Beebe e Kirsten Rasmussen, que leram o manuscrito na íntegra e me ofereceram valiosas sugestões; a meus alunos na California School of Professional Psychology, em Berkeley, por haverem partilhado suas fantasias sobre a paternalidade (*fathering*) e a feminilidade; a Hilde Binswanger, que foi a primeira pessoa a inspirar-me a escrever sobre a ferida pai-filha; a Jane e Jo Wheelwright, Janine e Steve Hunter, e Gloria Gregg, que me apoiaram emocionalmente e também deram sugestões durante as fases críticas do processo de redação; em especial, a minha mãe, Virginia Schierse, que dividiu comigo suas experiências e as lembranças de meu pai.

Um sincero agradecimento aos que seguem, por consentirem na reprodução de material de sua propriedade legal:

A sword, de Karin Boye, reimpresso de *The other voice*, © 1976 de W. W. Norton e Co., com permissão de Albert Bonniers Förlag AB.

What is sorrow for?, de Robert Bly, com sua permissão.

Why Mira can't go back to her old house, Mirabai, versão de Robert Bly, reimpressa com permissão de Robert Bly e Sierra Club Books, extraído de *News of the universe*, © 1980 de Robert Bly.

The father of my country, de Diane Wakoski, reimpresso de *Inside the blood factory*, © 1968 de Diane Wakoski, com permissão de Doubleday Co. & Inc.

Daddy, de Sylvia Plath, reimpresso de *Ariel*, © 1965 de Ted Hughes, com permissão de Harper & Row Publishers.

Excertos de *Elegias de Duino* e *Cartas a um jovem poeta*, de Rainer Maria Rilke, © 1939 e 1934, de W.W. Norton & Co., Inc., com permissão de W.W. Norton & Co., Inc.

Apotheosis, de Dawn Brett, com sua permissão.

PREFÁCIO
UMA FILHA FERIDA

    Quando garotinha, eu amava muito meu pai. Ele era carinhoso, amoroso, meu companheiro preferido para brincar. Ensinou-me beisebol e matemática. Quando eu tinha 7 anos, levava-me todo sábado à biblioteca e convencia o funcionário a deixar-me retirar catorze livros por semana, o dobro do habitualmente permitido. Meu pai não tinha podido concluir o 2.º grau, por isso valorizava bastante a educação; assim, transmitiu-me esses seus valores e, ao lado de minha avó, passava horas a fio comigo, ajudando-me a estudar, a aprender e a aperfeiçoar novas palavras do vocabulário, fazendo brincadeiras com perguntas e assim por diante. No inverno, levava-me a andar de trenó, fazendo-me descobrir a mágica irradiação da neve à noite e a excitação da descida veloz até o sopé da colina. Levava-me às corridas de cavalos, onde eu vivia o frenesi das apostas e dos páreos. Meu pai amava os animais e por isso eles tornaram-se meus amigos também. Quando saíamos juntos para dar uma volta a pé, sempre acabávamos conhecendo pessoas novas, porque meu pai era muito amistoso e extrovertido. Eu era sua filha e ele sentia tanto orgulho de mim que eu sempre mostrava um sorriso radiante. Minha mãe era muito especial para ele também. Todo fim de semana ele nos levava para jantar fora em diferentes restaurantes de comidas típicas, que havia na cidade onde morávamos; depois ele e minha mãe iam dançar e ficavam fora até tarde da noite. Embora não tivéssemos muito dinheiro, a vida parecia ser uma grande aventura, pois sempre havia muitas coisas novas e interessantes para ver e fazer.

Então, em algum lugar, de algum modo, tudo isso começou a mudar. Meu pai passou a ficar até tarde na rua, e quando voltava era comum eu acordar com seus gritos zangados. No início, isso só acontecia de vez em quando, mas em pouco tempo era uma vez por semana e, depois, quase todas as noites. No começo fiquei confusa e me perguntava por que minha mãe importunava tanto meu pai nas manhãs de domingo. Sentia muita pena dele. No entanto, quando eu estava com 9 anos, as coisas ficaram muito claras. Meu pai era o bêbado das redondezas! Não conseguia se manter em nenhum emprego; passei então a sentir uma tremenda vergonha dele. Tiraram uma foto nessa época e a diferença entre a menina de então e a luminosa garotinha de pouco tempo antes era de fato espantosa. Ali havia o ar de uma criança desamparada e infeliz. Haviam desaparecido o sorriso e os olhos faiscantes; agora o olhar era deprimido e os cantos da boca caídos. Nos anos subseqüentes, meus sentimentos a respeito de meu pai mantiveram-se muito confusos. Eu o amava. Sofria por ele. Sentia vergonha dele. Não conseguia entender como podia ser tão maravilhoso num momento e tão ruim no seguinte.

Uma noite destaca-se das demais com muita nitidez. Em geral, meu pai chegava tarde em casa quando estava bêbado e ameaçava bater em minha avó (sua sogra). Muitas vezes, minha mãe e eu precisávamos telefonar à polícia para que viessem tirá-lo de casa. Era eu quem costumava dar esses telefonemas. Às vezes, quando ele ficava violento demais, a ponto de eu não conseguir chegar ao telefone, corria para a porta de entrada da casa e gritava pedindo socorro. Numa dessas noites particularmente violentas, quando a polícia chegou, eu estava soluçando encolhida num canto. Um dos policiais voltou-se para meu pai e disse: "Como é que você pode fazer uma coisa dessas com a própria filha?". A lembrança da preocupação daquele estranho e sua pergunta ficaram ecoando dentro de minha cabeça durante anos a fio. Pode até ser que, naquele exato momento, em algum lugar no fundo de minha mente, tenha sido plantada a primeira semente deste livro.

À medida que fui chegando mais perto da adolescência, os sentimentos confusos a respeito de meu pai cristalizaram-se em ódio. Eu não o amava mais, nem sentia mais pena dele. Seu comportamento me repugnava e eu o odiava intensamente. Mentia a respeito dele para professores e amigos; era impossível convidar alguém para ir me visitar. Ninguém, exceto nossos vizinhos mais próximos, sabia que meu pai era bêbado, e, no que dependesse de mim, ninguém mais ficaria sabendo, eu suplicava baixinho. Desidentifiquei-me por completo dele e tentei me tornar avessa a tudo que representava.

Para me proteger levava uma vida dupla. Na escola, era a aluna "caxias", esforçada, séria. Apesar de ser a "queridinha dos professores" também conseguia dar-me bem com os colegas, sendo agradável e alegre, retraída e maleável. Por fora, era doce e séria; por dentro, era aquela confusão terrível: um ódio virulento contra meu pai, a vergonha invencível de ser sua filha e o temor de que alguém viesse a descobrir quem eu era de fato. As únicas pistas de que havia algo de errado eram um tique nervoso facial que apareceu quando eu tinha 14 anos e o fato de, ao contrário das outras garotas, eu não sair com rapazes, mas, por estar adiantada um ano na escola e ser menor e mais jovem que as demais, isso era aceito. No ambiente escolar, meus esforços e minha personalidade simpática trouxeram-me conforto e deram algum sentido a minha vida. No entanto, dentro de casa era um pesadelo constante. Nunca sabia se seria ou não despertada de um sono profundo por aquele louco do meu pai. Tinha um medo contínuo de que alguma noite ele viesse para casa armado e nos matasse a todos.

Já mais velha, decidi fugir de casa. Se ficasse, seria minha morte; estava certa disso. Para me proteger do caos assustador de minha casa — da dependência violenta e parasítica de meu pai e das exigências emocionais que minha mãe fazia para que eu preenchesse a lacuna deixada por seu marido —, recorri ao universo intelectual do pensamento lógico. Obtive assim a imprescindível distância também em relação a ela, pois me dei conta de que, se satisfizesse seu desejo de me manter naquela situação, eu ficaria presa para sempre nas garras do passado. Minha tentativa era romper com a identidade que tinha sido composta tanto por meu pai como por minha mãe, e, em última instância, afastar-me de tudo aquilo que não conseguia controlar.

Por muitos anos serviu-me bem o retiro para a distante esfera da intelectualidade. Saí de casa e trabalhei como jornalista num pequeno jornal em Colorado. Depois estudei filosofia para burilar minha mente e para me aprofundar o máximo possível nas questões relativas ao sentido da vida. Mais ou menos por essa época, casei-me com um intelectual, uma pessoa tão diferente de meu pai quanto me foi possível encontrar. Meu marido estimulou-me a prosseguir estudando até o doutorado, e desse modo minha vida também se tornou intelectual.

Nesse período, o alcoolismo de meu pai foi ficando cada vez pior. Por ocasião de meu vigésimo primeiro aniversário, ele decidiu me presentear com um anel de opala, minha pedra zodiacal. Tinha conseguido economizar vinte e cinco dólares para comprá-lo, a despeito de não trabalhar e de beber até o último centavo qualquer dinheiro que conseguisse arranjar. Era o primeiro presente que me dava depois de muitos anos; o anel era maravilhoso e o brilho mágico da opala era incomparável. Porém, não conseguia usá-lo. Nas poucas vezes em que voltei até minha casa para visitar meus pais enquanto ele viveu, sempre me perguntava pelo anel e eu lhe respondia com evasivas. Apesar de me sentir muito culpada, simplesmente não conseguia suportar a idéia de usá-lo. Apenas anos mais tarde, depois de sua morte, e por volta da época em que comecei a escrever este livro, foi que pude usar o anel de opala do meu aniversário. Agora uso-o o tempo todo, na esperança de transpor a terrível distância que existe entre mim e meu pai.

Enquanto fui casada, meu lado inconsciente e reprimido veio à tona, de modo misterioso e incontrolável, sob a forma de ataques de ansiedade e depressão. Para compreender essas vivências, voltei-me para os filósofos existencialistas, como Heidegger e Kierkegaard, para os romancistas, como Dostoiévski, Hesse, Kafka e Kazantzakis, para os poetas, como Rilke e Hölderlin, e, por fim, para a psicologia de C. G. Jung. Ainda enredada em meu sistema profissional de defesas, e com a desculpa de ter decidido tornar-me psicoterapeuta, fui para Zurique e comecei uma análise junguiana. De repente, emergiu meu lado dionisíaco reprimido. Meu sonho inicial, meu primeiro sonho depois de ter iniciado a análise, foi um terrível pesadelo que me acordou bem no meio da noite. Nele, Zorba, o Grego, estava pendurado pelo pescoço na viga de um navio que estava em terra; mas ele não estava morto! Gritava para que eu o tirasse dali, e, enquanto eu me atrapalhava tentando descê-lo, ele se libertou com um tremendo esforço. Depois me cingiu com os braços.

Embora esse sonho tivesse sido profundamente perturbador, Zorba também simbolizava para mim um ímpeto de vida, um relacionamento dionisíaco despreocupado e lúdico com o mundo; entretanto, seu mundo também estava associado a meu pai, e eu havia presenciado o quão destrutivo e degenerado tinha sido para ele o percurso até o irracional. Uma vez que havia de forma consciente negado esse lado irracional de mim mesma dissociando-me de meu pai, o universo de Zorba apareceu primeiro como caótico, assustador e primitivo. Jung descreveu o caminho para o inconsciente como uma "viagem noturna por mar", uma viagem de mortes e dilacerações, um tempo de terror e tremores diante do temível desconhecido. Essa foi minha experiência. Foi preciso coragem para entrar no mundo de meu pai, apesar de eu não poder reivindicar o crédito por esse salto no abismo. O abismo impôs-se a mim com tanta segurança quanto se uma figura silenciosa tivesse se aproximado de mim por trás e me empurrasse para o precipício, em cuja borda eu estivera até então. No fundo do abismo enfrentei minha própria irracionalidade, meu próprio alcoolismo e minha raiva. Afinal de contas, eu era exatamente como meu pai! Muitas vezes me comportei como ele. Ficava bêbada nas festas e então emergia um lado selvagem e sedutor de minha pessoa.

Frente a frente com o irracional, sentindo-me dilacerada como o Dionísio mítico, comecei a constatar e a reconhecer meu tortuoso lado sombrio. Minha aparência também mudou, pois deixei crescer meu cabelo, curto e de estilo profissional, até que formasse uma basta cabeleira *hippie*. Nas paredes de meu apartamento pendiam as gravuras coloridas, mas grotescas e assustadoras, de expressionistas alemães. Quando viajava, ficava nos mais baratos quartos de hotéis, nos bairros perigosos de cidades desconhecidas. Da mesma forma como antes havia evitado o mundo de meu pai, agora mergulhava de cabeça dentro dele. Senti então a culpa e a vergonha que antes pareciam pertencer apenas a ele. Apesar de tudo parecer louco e compulsivo, eu sabia que, de alguma forma, havia um tesouro a ser desenterrado com esses comportamentos. Em certo instante desse período caótico tive o seguinte sonho:

> A entrada da casa de meu pai era uma portinhola pequena de porão. Lá dentro, tremi ao ver o papel de parede descascando e formando grumos cinzentos disformes. Baratas negras e miúdas corriam de um lado para o outro pelas fendas do chão e subiam pelas pernas de uma mesa marrom toda lascada, que era a única peça de mobília naquele aposento desolado. Aquilo não era maior do que um cubículo, e eu me perguntava como alguém, até mesmo meu pai, conseguia viver ali. De repente, o medo inundou meu coração e procurei desesperada uma saída. A porta pela qual eu tinha entrado parecia ter desaparecido na penumbra. Mal conseguia respirar enquanto com os olhos esquadrinhava freneticamente o aposento, até que por fim vislumbrei uma estreita passagem do lado oposto àquele por onde tinha entrado. Ansiosa por deixar aquele quarto horrível e assustador, apressei-me a atravessar a passagem escura. Quando cheguei na outra extremidade do canal, meus olhos a princípio nada enxergaram, cegados que ficaram por uma luz. Em seguida, vi-me dentro do jardim mais esplendoroso que já havia visto na vida. Flores, chafarizes, estátuas de mármore com formas maravilhosas brilhavam diante de meus olhos. O jardim era quadrado e, na realidade, forma-

va o centro de um templo palaciano oriental encimado nos quatro cantos por quatro torres tibetanas. Só então percebi que também aquele lugar pertencia a meu pai. Aturdida, tremendo de medo, presa de um espanto e de uma surpresa que beiravam o horror, mesmerizada, acordei.

Havia, de fato, uma passagem do porão imundo e infestado de baratas, na casa de meu pai, para o templo tibetano maravilhoso e reluzente; restava apenas encontrá-la.

Embora tivesse vivido períodos de caos repetidas vezes durante essa época, tive a sorte de, de algum jeito, funcionar no mundo de todo dia. Contudo, a percepção de uma outra realidade mais poderosa ia aos poucos penetrando em minha consciência. Junto com momentos devastadores, havia algumas experiências místicas deslumbrantes da natureza. O mundo da arte, da música, da poesia, dos contos de fadas, da imaginação e da criatividade foram gradualmente se abrindo para mim. Da intelectual tímida e introvertida que tinha sido até então, tornei-me mais espontânea e capaz de mostrar afeto e sentimentos. Fui aos poucos me tornando também mais firme, sem precisar ocultar tanto quem eu era de verdade.

Nesse ínterim, dois acontecimentos traumáticos ocorreram em minha família. Meu pai adormeceu bêbado, enquanto fumava, e começou um incêndio que destruiu a casa inteira até reduzi-la a um punhado enegrecido de escombros. Minha avó, presa num quarto do andar de cima, morreu carbonizada. Apesar de meu pai ter tentado salvá-la, era tarde demais e ele foi hospitalizado com queimaduras graves. Quanto deve ter sofrido com a culpa por esse incidente e por toda uma vida de experiências autodestrutivas! No entanto, não queria ou não conseguia falar a respeito. Talvez a deterioração decorrente de toda uma vida de alcoólatra fosse grande demais. Por fim, morreu dois anos depois.

A morte de meu pai foi um choque tremendo, que me abalou profundamente. Agora era tarde para conversar com ele, para lhe dizer como me sentia horrível por tê-lo rejeitado e como, finalmente, tinha pena por ele ter levado uma vida de tantos sofrimentos. Nossa relação malresolvida era como uma ferida aberta em minha psique.

Logo depois de sua morte, por ocasião de meu trigésimo oitavo aniversário, pus o anel de opala e comecei a escrever este livro. Se seria ou não realmente publicado não me importava. O que eu sabia era que escrever sobre a ferida pai-filha tinha para mim um caráter imperativo. Talvez escrevendo eu e meu pai ficássemos mais próximos. No nível externo essa proximidade tinha sido impossível, mas, quem sabe, no nível interno, por intermédio deste texto, eu conseguiria redimir meu "pai interior".

A redação deste texto foi um processo longo e difícil. Quando escrevo, não tenho nenhuma idéia antecipada do que irei dizer. Não tenho um esboço planejado, e por isso apenas espero com a certeza de que algo virá. O processo de escrever exigiu-me um compromisso e um ato de fé de que algo emergirá da profundeza de minha psique passível de ser denominado, expresso, ainda que momentaneamente, por meio de palavras. Ao mesmo tempo, sei que o escrever, embora possa lançar alguma luz sobre a ferida pai-filha, também obscurecerá a questão, pois sempre haverá um ponto escuro, um aspecto que minhas limitações não conseguem apreender. Tenho de acatar essa mescla de limitações e possibilidades, esse paradoxo que foi a vingança de meu pai. Foram muitas as vezes em que me zanguei, durante o trabalho; muitas também as que chorei. Minha raiva e minhas lágrimas estão por trás de cada página, muito embora o resultado final até possa parecer sereno.

No começo deste livro, vi primeiro principalmente os padrões negativos. Estava muito presente a herança de meu pai: sua autodestruição pelo álcool e como isso me havia afetado. Embora soubesse que existia uma dimensão positiva tanto nele como em sua influência sobre mim, não me era possível localizá-la nas fases iniciais da redação deste trabalho. O último capítulo, "A redenção do pai", continuava sem ser escrito. Ter começado por um ponto de vista teórico ajudou-me a enxergar meus conflitos com alguma clareza. A descrição dos vários padrões e suas bases arquetípicas subjacentes ajudou-me a entender melhor como eles interferiam em minha vida e na de minhas clientes. Foi somente quando comecei a redigir minha história pessoal que emergiram com toda a sua força meus sentimentos positivos a respeito de meu pai. Dei-me conta da promessa mágica que ele me fizera quando eu era bem pequena ainda, a qual depois veio sob a forma onírica de Zorba, do templo tibetano, do anel de opala. Meu pai era a promessa do vôo mágico, mas ele era como o Ícaro mítico, que, desconhecendo os próprios limites, voou tão perto do sol que seu calor derreteu a cera que lhe prendia as asas, precipitando-o assim na direção da própria morte no mar. De modo muito semelhante, meu pai afogou sua magia em álcool. Ele a transmitiu para mim, e essa foi a parte positiva de seu legado. Porém, da mesma forma como vi suas transformações, também a magia dissolveu-se em degeneração. Minha primeira reação foi negar essa promessa mágica tentando controlar tudo. Depois, quando esse controle caiu por terra, identifiquei-me com o lado autodestrutivo de meu pai. Minhas alternativas pareciam ou um controle estéril ou a dissolução dionisíaca. Depois de reconhecer em mim esses dois extremos opostos comecei a analisar os padrões psicológicos que denominei a eterna menina (a *puella aeterna*) e a amazona de couraça. A resolução, porém, a redenção, está nas imagens de Zorba, do templo tibetano e do anel de opala que ganhei de meu pai. O retorno à magia paterna aconteceu quando permiti que essas imagens ganhassem vida em meu interior.

Este é o relato pessoal de minha ferida como filha, mas, em meu trabalho como terapeuta, constatei que muitas outras mulheres sofrem de um relacionamento ferido com o pai, embora os detalhes distingam-se e as feridas doam das mais variadas formas. Ouvi de muitas de minhas clientes minha própria história: o pai alcoólatra, a desconfiança daí resultante em relação aos homens, os problemas de vergonha, de culpa e da falta de confiança. De outras, ouvi como seus pais rígidos e autoritários puderam dar-lhes estabilidade, estrutura e disciplina, mas, no geral, quase nada em termos de amor, apoio emocional e valorização do feminino. Já outras tiveram pais que desejavam ter tido meninos, e que transformaram as filhas (normalmente primogênitas) em filhos homens por meio das expectativas de realização do que eles, como pais, não tinham conseguido concretizar em suas próprias vidas. E, enfim, havia filhas cujos pais as amavam demais e de tal modo que elas acabaram se tornando substitutas das mulheres adultas ausentes em seu papel amoroso. Tais filhas, quando adultas, estavam tão presas ao amor paterno que não se sentiam livres para amar outros homens e, assim, não conseguiram amadurecer plenamente. Ouvi relatos de mulheres cujos pais tinham se suicidado e sua luta subseqüente para lidar com o legado do desejo de morte e de autodestruição. Mulheres cujos pais morreram cedo sofrem dores de perda e abandono. Mulheres cujos pais ficaram doentes geralmente terminaram sentindo-se culpadas pela enfermidade. Havia as que, como filhas, tinham sido brutalizadas por espancamentos ou abusos sexuais por parte do pai, e aquelas cujo pai não enfrentava a mãe todo-poderosa, e assim permitia que esta dominasse a vida das filhas.

A lista de danos psicológicos poderia ser estendida indefinidamente, mas aqui existe um perigo: culpar o pai por essas feridas. Seria o equivalente a desconsiderar um outro elemento, ou seja, o fato de o próprio pai ter sido ferido em sua relação com a dimensão feminina e com a masculinidade. A cura para a mulher não será encontrada na areia movediça da atribuição da culpa a terceiros. Essa atitude de culpabilização pode manter-nos para sempre no papel de prisioneiras passivas, de vítimas que não assumem a responsabilidade pela própria vida. Creio ser importante para a mulher ferida entender o fracasso do pai e o modo como sua falta de paternidade afetou-lhe a vida. As filhas precisam reaproximar-se de seus pais a fim de desenvolver uma imagem paterna positiva em seu íntimo, na qual possam abastecer-se de força e orientação, e que lhes permita dar o devido valor à dimensão masculina tanto do mundo interno como do externo. Necessitam encontrar a pérola oculta, o tesouro que um pai pode oferecer. Se o relacionamento com ele tiver sofrido danos, é importante que a mulher entenda essa ferida, perceba claramente o que está faltando e assim possa desenvolver em seu interior a dimensão ausente. Depois que essa ferida é entendida, precisa ser aceita, pois, mediante essa aceitação, advêm a cura e a compaixão, pela filha, pelo pai e pela relação de ambos.

I
A FERIDA

meu pai não constava do catálogo telefônico
de minha cidade;
meu pai não dormia com minha mãe
em casa;
meu pai não ligava se eu não estudasse
piano;
meu pai não se importava com o que
eu fizesse;
eu achava meu pai lindo e o amava e
    me perguntava
por que
me deixou tão sozinha,
por tantos anos.
aliás,
meu pai
fez de mim o que sou:
uma mulher solitária,
sem objetivo, do mesmo modo que fui
uma criança solitária
sem pai. Andei com palavras, palavras e nomes,
nomes. Pai não foi
uma de minhas palavras.
Pai não foi
um de meus nomes.

Diane Wakoski
"The father of my country"
(O pai de meu pais)

CAPÍTULO 1

A FERIDA PAI-FILHA

*Agora todas as pragas que no tênue ar
são o destino das falhas dos homens
revelam-se em suas filhas!*

Shakespeare

Toda semana mulheres feridas vêm a meu consultório, sofrendo de uma auto-imagem precária, padecendo da incapacidade para estabelecer relacionamentos duradouros, atormentadas pela falta de confiança em seu potencial de trabalho e atuação social. À primeira vista, essas mulheres parecem muito bem-sucedidas: profissionais confiantes, donas de casa satisfeitas, estudantes despreocupadas, divorciadas disponíveis. Porém, logo abaixo da fina camada de sucesso ou de contentamento, está uma pessoa machucada, encontra-se o desespero oculto, acumulam-se os sentimentos de solidão e de isolamento, há o medo de serem abandonadas e rejeitadas, guardam-se as lágrimas e a ira.

No caso de muitas delas, o fundamento de seu drama está numa relação comprometida com o pai. Podem ter sido feridas por um mau relacionamento com seu pai real ou pela sociedade patriarcal, que, em si mesma, funciona como um pai deplorável, desvalorizando culturalmente as mulheres. Em ambos os casos, sua auto-imagem, sua identidade feminina, sua relação com a masculinidade e seu funcionamento no mundo vêem-se muitas vezes prejudicados. Quero citar os exemplos de quatro mulheres, cada qual com uma relação diferente com o pai, vivendo um estilo diferente de vida. Em comum têm uma deficiência no convívio com ele, da qual resultou um modo de vida que obstruiu sua capacidade de formar relacionamentos e de trabalhar e viver de maneira criativa.

Chris era uma mulher bem-sucedida no mundo dos negócios, com trinta e tantos anos. Era a mais velha de três irmãs e, quando estudante, tinha sido uma aluna esforçada, sempre com notas máximas. Depois de formada, encontrou uma boa colocação numa companhia promissora. Empenhou-se tanto em seu trabalho que, quando estava com mais ou menos trinta anos, já havia atingido uma posição gerencial. Nessa época, começou a sentir dores de cabeça tensionais, a ter insônia e a se queixar de exaustão contínua. Como Atlas, parecia carregar nos ombros o peso do mundo e, em pouco tempo, tornou-se deprimida e desanimada. Teve uma série de casos com homens casados que conheceu em várias situações profissionais, mas parecia não conseguir encontrar um relacionamento significativo. Estava pensando em ter um filho. Começou a se sentir desesperançada com relação ao futuro, pois sua vida tinha se tornado apenas uma série ininterrupta de obrigações profissionais sem nenhuma perspectiva de alívio. Seus sonhos vinham com imagens de crianças machucadas ou moribundas. Na época em que apareceu para fazer terapia, Chris estava aprisionada por uma compulsão de excelência em seu trabalho e se sentia incapaz de relaxar e desfrutar a vida. Lembrava-se de que sua infância tinha sido infeliz. Seus pais queriam um menino, não uma menina, e seu pai, em particular, esperava grandes realizações de seus filhos. Se não fossem os primeiros da classe, logo ficariam sabendo como ele os censuraria. Para agradá-lo, Chris tinha dado duro. Em vez de brincar com suas amigas, ficava estudando e, por fim, acabou seguindo a mesma profissão do pai. Uma vez que era a filha mais velha, parecia que ele esperava mais dela. Quando se saía bem, ele a recompensava levando-a a seu escritório e ficando com ela por algum tempo naquele ambiente. Quando Chris chegou à adolescência, seu pai tornou-se muito severo, e raramente permitia que saísse com rapazes; criticava seus namorados. Sua mãe aceitava a autoridade do marido, endossando completamente todas as decisões que ele tomasse.

Na realidade, Chris estava vivendo a vida de seu pai, e não a sua. Embora houvesse se revoltado contra alguns dos valores dele, tendo casos com envolvimento sexual e fumando maconha, no tocante a elementos essenciais ainda estava tentando corresponder ao ideal de muito esforço e de resultados profissionais que era alimentado por ele. Estava de fato levando ainda a vida que o "filho" de seu pai teria tido. Depois de perceber isso com o transcorrer da terapia, Chris foi aos poucos tornando-se capaz de abandonar seu perfeccionismo compulsivo. Começou a dar mais atenção a seus próprios interesses e iniciou-se como escritora de contos, atividade que o pai criticava como "não prática" e "fútil". Travou contato com novas pessoas e, apesar de ainda ter de se haver com a tendência ao perfeccionismo, começou a se sentir mais cheia de energia e de esperança em relação a sua vida. Para Chris, diferenciar entre si mesma e as expectativas paternas é um processo contínuo, e, quanto mais o pratica, mais seu próprio caminho natural vem à tona.

O caso de Barbara ilustra um padrão diferente, decorrente de uma relação comprometida com o pai. Na primeira vez que a vi, Barbara era uma estudante com vontade de entrar na faculdade. Estava com vinte e tantos anos, já se havia divorciado duas vezes, fizera inúmeros abortos, vivera um uso excessivo de drogas, tinha problema com peso e uma relação complicada com o dinheiro. Embora inteligente e talentosa, sua capacidade para trabalhar e se disciplinar nos estudos era precária. Todo semestre, em vez de concluir os requisitos do curso, pedia aos professores o crédito mínimo. Em pouco tempo, sua dívida com a análise tinha atingido a cifra de várias centenas de dólares. Como se sentia culpada por isso e pelas notas, sofria uma série de graves ataques de ansiedade.

Barbara não tinha tido modelo algum para aprender a se autodisciplinar ou a ter êxito. Seu pai tinha ido para a guerra quando era ainda pequena. Depois começou a pular de emprego em emprego e a apostar em jogos de azar, sem nunca conseguir ficar estável em um trabalho. Sua mãe, pessimista e deprimida, dissera-lhe que, se ela não tivesse sorte no primeiro casamento, jamais teria. Diante dessa combinação — um pai não-confiável e uma mãe deprimida e pessimista — Barbara não tinha um modelo adulto para o sucesso. Seus sonhos eram assustadores. Homens patologicamente assassinos tentavam matar ou aleijar moças jovens e passivas. Às vezes ela era a vítima. Em seu estilo de vida desestruturado e sem limites, Barbara estava reproduzindo o padrão paterno. Estava também cumprindo as projeções negativas da mãe de que a mulher não pode ter sucesso.

Depois que Barbara tomou consciência de estar repetindo o padrão do pai e a projeção de fracasso da mãe, começou o lento e gradual processo de se separar desses padrões e de buscar seu próprio caminho. Primeiro aprendeu a lidar com o dinheiro, saldou as dívidas com a análise e conseguiu inclusive poupar uma quantia razoável destinada a seus estudos futuros. Para tanto, foi preciso que deixasse as drogas, que estavam consumindo grande parte de seu dinheiro. Afinal, foi capaz de apresentar seus trabalhos acadêmicos nos prazos devidos e produziu uma notável monografia final. E, por fim, aprendeu a controlar alguns de seus padrões alimentares e perdeu 12 kg. Esses resultados deram-lhe uma sensação de poder pessoal e de capacidade de alcançar o que desejasse. No decurso desse processo, começaram a mudar as imagens dos homens e de seu pai. De imagens destrutivas e assassinas, tornaram-se homens que ajudavam as figuras femininas em seus sonhos. Num deles, seu pai lhe deu um robe caro, finamente bordado, como tributo à força de sua imagem feminina emergente.

    É muito freqüente que mulheres cujos pais foram displicentes e indulgentes, e que não se saíram bem no mundo, compensem o fracasso paterno tentando ter êxito em seu lugar. O pai de Susan amava-a muito. Os dois tinham uma relação intensa, divertida, estimulante, cheia de galanteios. O pai dava mais atenção a seu relacionamento com a filha do que com a esposa. Esta era uma pessoa muito ambiciosa, e tinha tido muitas expectativas de que o marido fizesse sucesso em sua carreira. Desapontava-a profundamente que ele fosse um homem simples que desfrutava tanto a vida que não tinha chegado ao auge como profissional. De forma inconsciente, Susan havia captado essa desaprovação de sua mãe e compensava-a tornando-se preocupada com a exatidão e o perfeccionismo. O pai, dominado pela esposa, não se opôs com vigor às ambiciosas expectativas dela em relação à filha, e, por isso, Susan dava vida às ambições maternas frustradas. Presa à atitude ambiciosa, controladora e perfeccionista de sua mãe, Susan perdeu o vínculo com seu lado infantil, descontraído, displicente. A tensão resultante acarretou o enrijecimento da nuca e das costas, durante o dia, insônia e ranger de dentes à noite. Não importa o que fizesse, jamais era bom o bastante. Apesar de amar o pai, Susan temia que os homens fossem fracos e incapazes. Como a mãe, queria um homem ambicioso e capaz de ganhar muito dinheiro; no entanto, sentia-se atraída por homens que apreciavam o lúdico, como o pai, e que, no final, mostravam-se por demais não-confiáveis para um relacionamento mais sério. Da mesma forma como nada que fizesse era bom o suficiente, tampouco havia amantes capazes de satisfazer seus padrões perfeccionistas. Na época, na casa dos quarenta, continuava solteira. Tentava também controlar as coisas no trabalho e nas relações, e assim resultavam a depressão e o tédio. Amarga com a falta de alegria em sua vida, foi dominada por uma atitude martirizada de desesperança. Ao mesmo tempo, começou a sentir que não conseguiria enfrentar mais um só compromisso profissional que fosse, que estava a ponto de quebrar sob o peso de todas aquelas exigências. Seus sonhos, contudo, proporcionavam algumas imagens positivas que indicavam uma outra abordagem. Num deles, após ter escolhido o caminho mais difícil e rápido para chegar aonde estava indo, uma voz disse-lhe para diminuir o ritmo e seguir um percurso mais fácil, assegurando-lhe que chegaria ao destino com boa margem de tempo. Em outros, encontrava-se flutuando calmamente rio abaixo.

Susan começou a dar-se conta de que grande parte de seu esforço, ímpeto e urgência em controlar as situações pertenciam a sua mãe, e não a ela. Também se conscientizou de que a depressão que sentia quando não tinha êxito era muito parecida com a que dominava seu pai quando a esposa o criticava. Percebeu ainda que, em muitos sentidos, desempenhava o papel de "amante" do pai, o que a distanciava de relacionamentos com outros homens. Começou a se opor conscientemente à voz interior que fazia julgamentos críticos sobre si mesma e os outros. Tornou-se mais aberta aos homens e tentou conhecê-los, antes de julgá-los logo de saída. Conheceu um homem carinhoso e afetuoso, mas, por algum tempo, sentiu-se tentada a terminar a relação porque ele não estava ganhando tanto dinheiro quanto ela achava que deveria. Quando se tornou capaz de reconhecer que essa crítica era parte da voz interior de sua mãe, Susan conseguiu permitir que a relação vivesse.

Nesse caso, a mãe era a figura dominante; a negligência do pai consistiu em não se opor às ambições compulsivas da mãe. De certo modo, ele amava "demais" a filha e, portanto, manteve-a presa a si. Susan precisou reconhecer tudo isso para romper o elo que a prendia ao pai e para enxergar os efeitos da influência materna.

Às vezes, como no caso de Mary, a filha se revolta contra o pai ostensivamente autoritário e rígido. Este era do Exército e exigia um desempenho militar até de seus filhos. Mary, cujo temperamento era amigável e espontâneo, revoltou-se contra a atitude paterna de autoritarismo. Quando adolescente, tomou LSD e pertenceu a um grupo de vanguarda. Embora tivesse talento artístico, deixou-o perder-se e depois saiu da universidade no primeiro ano. Apesar das tendências autoritária e perfeccionista, o pai sofria de uma doença crônica que o forçava a mostrar-se vulnerável e fraco. Todavia, como nunca admitisse sua vulnerabilidade, Mary sentia que o pai parecia ser duas pessoas diferentes: o juiz forte e autoritário e o homem fraco e doente. Os homens em seus sonhos também se mostravam assim contraditórios. Havia aqueles com pênis pequenos e que eram impotentes, e havia outros violentos tentando apunhalá-la e matá-la. Mary achava que os homens impotentes simbolizavam sua tremenda falta de autoconfiança, e que os que a atacavam eram a própria voz da autodepreciação. A mãe de Mary era muito parecida com ela, mulher carinhosa e extrovertida que, porém, não se opunha ao marido. Uma vez que Mary tinha um bom relacionamento com sua mãe, primeiro procurou uma mulher mais velha para obter apoio. Nessa relação, inclinava-se a desempenhar o papel de filha agradável, enquanto a mulher muitas vezes a criticava com um autoritarismo que lembrava o de seu pai. Durante a análise, começou a adquirir confiança em si mesma e a reconhecer o duplo padrão de revolta contra a autoridade paterna, ao mesmo tempo que se submetia a ele agradando uma mulher autoritária de mais idade. Enfim, pôde afirmar-se diante da relação com a amiga mais velha. Depois, à medida que os homens ameaçadores e os impotentes foram desaparecendo de seus sonhos, ela deu início a uma relação com um homem emocionalmente maduro com quem veio mais tarde a se casar. Tinha então confiança bastante em si mesma para aceitar o desafio de retomar seu amor pela arte e de começar a estudar para fazer uma carreira nessa área. Animada pela força recém-encontrada, chegou inclusive a ter uma conversa significativa com o pai, que, num momento de crise, determinado por sua enfermidade, admitiu sua vulnerabilidade. Assim, foi possível um relacionamento emocional mais próximo entre pai e filha.

Esses são apenas quatro exemplos de mulheres feridas que sofreram as conseqüências de uma relação prejudicada com seus pais. Há muitas variações sobre o tema. O sonho seguinte revela a situação psicológica geral de uma mulher ferida que sofre uma relação abalada com o pai.

> Sou uma menininha aprisionada numa gaiola, com meu bebê no colo. Do lado de fora, meu pai cavalga através de verdes campos. Desejo muito alcançá-lo e tento sair da gaiola, soluçando ressentida. No entanto, a gaiola vira. Não sei ao certo se eu e o bebê seremos esmagados por ela ou se nos libertaremos.

Esse sonho ilustra a separação entre pai e filha e o aprisionamento dela e de suas potencialidades criativas. Há o profundo desejo de alcançar a energia livre do pai, mas a filha deve antes livrar-se da gaiola, o que implica risco: ou ela e o filho são esmagados no processo ou se libertam. Embora seja o sonho de uma única mulher, creio que retrata de modo dramático como muitas outras estão aprisionadas em 'relações precárias com seus pais, alienadas de uma relação positiva com a função paterna em si mesmas.

Em nível pessoal, existem muitos meios pelos quais pode ocorrer a ferida pai-filha. Pode ter sido o pai extremamente fraco a causa da vergonha da filha; por exemplo, o pai que não consegue se manter no emprego, que bebe, que joga etc. Pode tratar-se de um "pai ausente" que saiu de casa por escolha, como procede o homem que "os ama e os deixa". A ausência também pode ser decorrente de morte, de guerra, de divórcio ou de doença; cada um desses motivos distancia o pai da família. Uma outra maneira de o pai ferir a filha é agindo de modo tão complacente que ela não consiga formar uma noção de limites, de valores e de autoridade. Inconscientemente, ele pode até apaixonar-se por ela, mantendo-a assim presa a ele. Pode ser que ele deprecie o feminino porque seu próprio lado feminino foi sacrificado aos ideais de poder e autoridade macho-masculinos. Pode ser uma pessoa que trabalhe bastante, bem-sucedida em sua profissão, mas passiva em casa e não realmente envolvida com a filha, ou seja, um pai desligado. Seja qual for a causa, se o pai não estiver disponível para sua filha de modo comprometido e responsável, estimulando o desenvolvimento de suas dimensões intelectual, profissional e espiritual, valorizando sua singularidade feminina, isso resultará em dano ao espírito feminino da jovem.

"O feminino" é uma expressão que atualmente está sendo redescoberta e redescrita pelas mulheres, a partir de suas experiências pessoais. As mulheres começaram a perceber que os homens definiram a feminilidade através de suas expectativas conscientes, culturalmente condicionadas, relativas ao papel delas e através também de suas projeções inconscientes sobre elas. Em contraste com a noção de feminilidade definida segundo um papel cultural ou biológico, minha abordagem consiste em ver "o feminino" de modo simbólico, como um princípio inerente à existência humana. Na minha experiência, o feminino se revela primariamente por meio de imagens e de respostas emocionais, e é destas que me valho ao longo deste livro[1].

A ferida pai-filha não é apenas um evento que acontece nas vidas de mulheres como indivíduos: é uma condição igualmente cultural[2]. Onde quer que haja uma atitude autoritária patriarcal que desvalorize o feminino, reduzindo-o a um certo número de papéis ou de qualidades que existem não em

---

1. Para uma descrição da visão simbólica do feminino em comparação com as perspectivas biológica e cultural, ver Ann Ulanov, *The feminine in jungian psychology and in christian theology*, Evanston, Northwestern University Press, 1971, p. 137 e s.
2. Segundo Jung, pode-se ver o pai simbolicamente como uma imagem arquetípica. Uma maneira de funcionamento desse arquétipo paterno é como imagem da cultura patriarcal em que devem viver as mulheres ocidentais. Da mesma forma, o arquétipo da filha pode funcionar como imagem cultural do feminino e está subordinado, numa cultura patriarcal. Se existem muitas mágoas entre pais e filhas individuais, em nossa cultura, isso reflete um problema entre o princípio do pai dominador e a subordinação do princípio filial feminino, em nossa cultura como um todo. A manifestação cultural do relacionamento entre os princípios do pai e da filha pode ser uma distorção de seu relacionamento intrínseco.

função das experiências pessoais das mulheres, mas de acordo com uma visão abstrata em relação a elas, ali encontramos o pai coletivo subjugando a filha pela força, não lhe permitindo crescer de modo criativo, a partir de sua própria essência.

A questão da ferida pai-filha, seja ela num nível pessoal ou cultural, ou em ambos, constitui hoje uma questão crucial para a maioria das mulheres. Algumas tentam evitar confrontá-la culpando seus pais ou os homens em geral; outras, negando que haja um problema e acatando na prática os papéis femininos tradicionais. Essas duas saídas, no entanto, resultam na rendição da responsabilidade pela própria transformação, ou pela culpabilização de terceiros ou pela adaptação. Acredito que a verdadeira tarefa para a mutação das mulheres de hoje seja descobrirem por si mesmas quem são. Parte dessa descoberta, no entanto, implica um diálogo com sua história e com as influências sofridas em seu desenvolvimento, que as afetaram pessoal, cultural e espiritualmente.

À medida que a filha vai crescendo, sua evolução emocional e espiritual sofre uma profunda influência de seu relacionamento com o pai. Ele é a primeira figura masculina de sua vida e o elemento crucial na formação dos parâmetros pelos quais se pautará para relacionar-se com o lado masculino de sua pessoa e, em última instância, com os homens. Uma vez que ele é "outro", ou seja, diferente dela e da mãe, ele também termina moldando sua alteridade, sua singularidade, sua individualidade. O modo como ele se relaciona com sua feminilidade irá afetar o modo como ela amadurece até tornar-se uma mulher. Um dos papéis paternos é conduzir a filha do protegido ambiente materno e doméstico até o mundo exterior, ajudando-a a enfrentá-lo em seus conflitos. Sua atitude em relação ao trabalho e ao sucesso dará o tom da atitude de sua filha. Se for confiante e bem-sucedido, isso será transmitido a ela. Se tiver medo e não for bem-sucedido, é provável que ela adote a mesma atitude temerosa. Tradicionalmente, o pai ainda projeta os ideais para a filha. Funciona como modelo de autoridade, de responsabilidade, de tomada de decisões, de objetividade, de ordem e de disciplina. Quando a filha tiver idade suficiente, ele recuará para que ela possa internalizar esses ideais e concretizá-los em si mesma. Se a relação do pai com essas áreas for rígida ou relaxada demais, a relação da filha com elas também será influenciada[3].

Alguns pais erram por indulgência. Por não terem estipulado limites para si próprios, por não terem sentido sua própria autoridade interior e não terem estabelecido um critério interno de ordem e disciplina, constituem modelos inadequados para a filha. Tais homens são os "eternos meninos" (os *puer aeternus*). Aqueles que se identificam fortemente com esse deus da juventude permanecem fixados nos estágios adolescentes do desenvolvimento[4]. Podem ser sonhadores românticos que evitam os conflitos da vida prática, incapazes de se comprometer. São homens que costumam viver no reino das possibilidades, evitando a dimensão concreta das coisas; sua vida é sempre provisória. Com muita freqüência, encontram-se próximos das fontes de criatividade e são buscadores sensíveis do espírito. Porém, como sua idade interior está em torno da primavera e do verão, a profundidade e o renascimento que vêm com o outono e o inverno estão ausentes. Esse tipo de homem tem como disposição predominante a impaciência. Não desenvolveu a qualidade de "agüentar", de suportar o trânsito por uma situação difícil. Não há dúvida de que é em geral encantador, romântico, até mesmo inspirador, pois revela a espiritualidade como possibilidades, como centelha criativa, como busca. Na perspectiva negativa, essa tendência é o não conduzir coisa alguma até o fim, até a conclusão, uma vez que evita os momentos árduos, o traba-

---

3. Vera Von der Heydt descreveu, segundo uma visão junguiana, o papel do pai e o modo como ele funciona em crianças, num artigo intitulado "On the father in psychotherapy", *Fathers and Mothers*, Zurique, Spring Publications, 1973, p. 133 e s. De outra perspectiva, o processo de desenvolvimento por meio do qual o pai projeta tradicionalmente na filha seus ideais é descrito por H. Kohut, *The analysis of the self*, Nova York, International University Press, 1971, p. 66.
4. O *puer aeternus*, ou eterno menino, é uma expressão que Jung tomou de empréstimo a Ovídio, que a havia utilizado para denominar um deus jovem, sedutor e ardiloso. Marie Louise von Franz descreveu esse padrão em seu livro *Puer aeternus*, Zurique, Spring Publications, 1970.

lho pragmático e o esforço necessário à concretização do possível. Exemplos extremos desses homens que permanecem meninos para sempre podemos encontrar entre viciados que se mantêm eternamente dependentes do vício, homens que não conseguem trabalhar, dom-juans que correm de uma mulher para outra, que se sustentam na posição de filhos passivos de suas esposas e que seduzem as filhas com galanteios. Alguns poucos são muitíssimo bem-sucedidos por breves períodos, como o astro James Dean e o roqueiro Jim Morrison, mas é inevitável que sucumbam às próprias tendências autodestrutivas, depois de terem criado uma lenda em torno de si e um séquito de seguidores, o que enfatiza a natureza arquetípica de seu fascínio.

As filhas desses eternos meninos crescem sem modelos adequados de autodisciplina, de limite e de autoridade, sofrendo muitas vezes de uma sensação de insegurança, de instabilidade, de falta de autoconfiança, de ansiedade, de frigidez e, em geral, de um ego débil. Além disso, se o pai é visivelmente fraco (como se dá com o que não trabalha ou o viciado), a filha pode sentir vergonha e sofrer com isso. Se tiver sentido vergonha dele, é possível que a transmita para si mesma. Nesses casos, irá de forma inconsciente consolidar uma imagem ideal de homem e pai, e sua vida talvez se torne a busca desse pai ideal. Nessa busca, o mais provável é que fique ligada a um "amante imaginário", quer dizer, a um homem ideal que existe apenas em sua imaginação[5]. Nessa medida, seu relacionamento com os homens, em particular na esfera da sexualidade, será provavelmente desequilibrado. A falta de compromisso vivida na relação com o pai tende a produzir uma falta geral de confiança nos homens; essa sensação talvez termine envolvendo também toda a dimensão espiritual, isto é, falando metaforicamente, o "Deus-Pai". No nível mais profundo, padece de um problema religioso, uma vez que, para ela, o espírito não foi vivenciado com o pai. Como

---
5. M. Esther Harding descreveu o "amante imaginário" em seu livro *The way of all women*, Nova York, Harper & Row, 1970, p. 36-68.

poderá ela então encontrá-lo? Anaïs Nin, cujo pai tinha esse comportamento, responde da seguinte forma: "Não tenho guia. Meu pai? Penso nele como alguém de minha idade"[6].

Outros pais erram para o lado da rigidez. Duros, frios e, às vezes, indiferentes, escravizam as filhas por meio de uma atitude autoritária estrita. São homens que em geral estão distantes da vitalidade existencial, alienados de seu próprio lado feminino e da sensibilidade. Costumam enfatizar a obediência, o dever e a racionalidade. Insistem que suas filhas devem ter os mesmos valores. A obediência à ordem estabelecida é a regra principal. Afastar-se das normas sociais é algo que consideram suspeito e indigno de confiança. Esses pais são, comumente, velhos dominadores, muitas vezes amargos, cínicos e desvitalizados. Já que enfatizam o controle e o correto desempenho social, é freqüente não terem abertura para o inesperado, para a manifestação de sentimentos, para a criatividade. Encaram essas coisas com sarcasmo e menosprezo. No lado positivo, sua ênfase na autoridade e no dever propicia uma sensação de segurança, de estabilidade e de estrutura. No negativo, tende a arrasar as qualidades "femininas" de sensibilidade, de doçura e de espontaneidade. Alguns exemplos extremos de pais que agem como velhos dominadores podem ser vistos entre os antigos patriarcas que retêm o controle de todo o dinheiro, dominando financeiramente a esposa e os filhos; são pais que estipulam todas as regras e exigem obediência, que esperam que as filhas tenham um sucesso incomum na sociedade, que exigem delas o desempenho de papéis femininos tradicionais, que não podem admitir qualquer sinal de fraqueza, de doença ou sequer diferença em si próprios.

Em épocas posteriores de suas vidas, essas filhas de velhos dominadores em geral se encontram distantes de um contato com sua própria instintividade feminina, pois seus pais não puderam acolher verdadeiramente a feminilidade de sua natureza. Depois de terem vivido uma relação pautada pela

---

6. Anaïs Nin, *The diary of Anaïs Nin*, Nova York, Harcourt, Brace and World, Inc., v. 1, p. 194.

rigidez e aspereza com seus pais, o mais provável é que essas filhas sejam duras consigo mesmas e com os outros. Mesmo que se revoltem, é comum que se detecte algo implacável e cortante em sua rebelião. Há as que se dobram à regra autoritária e jamais vivem a própria vida. Há aquelas que, apesar de revoltadas, ficam atadas ao controle paterno e sempre estão reagindo contra ele. Essas filhas, como as de pais mais indulgentes, não costumam viver relações saudáveis com os homens e com seu próprio espírito criativo.

Até aqui descrevi duas tendências extremas possíveis de existir no relacionamento de um pai com sua filha. A maioria deles, porém, mistura ambos os elementos. Mesmo que um deles tenha levado a vida toda vivendo num só desses extremos, acaba inconscientemente atuando segundo os ditames do outro[7]. Existem muitos casos de pais rígidos e autoritários que, de repente, explodem em manifestações irracionais e emocionais que ameaçam toda a segurança e ordem que criaram, desencadeando um medo terrível do caos em suas filhas. Uma vez que o âmbito dos sentimentos e das sensações não é conscientemente registrado pelo pai, mas, em vez disso, parece tomá-lo de assalto de tempos em tempos, isso assume uma feição ainda mais assustadora para as crianças. Às vezes essas explosões de ira também vêm matizadas de sexualidade, como, por exemplo, o pai que castiga fisicamente a filha desobediente de tal modo que ela sofre ameaça em nível sexual. Assim, embora a ênfase consciente do pai recaia no dever, no cumprimento racional das pautas socialmente estipuladas, podem existir no fundo humores e impulsos pueris capazes de emergir de modo inconsciente em momentos inesperados. Da mesma forma, pais indulgentes podem, no fundo, alimentar o cinismo sarcástico do juiz rígido. Esses podem, de uma hora para outra, atacar as filhas e criticá-las por terem as qualidades impulsivas que não apreciam neles próprios.

---

7. James Hillman descreveu essas duas formas extremas e sua secreta interação em seu artigo "Senex and puer: an aspect of the historical and psychological present", *Eranos Jahrbuch XXXVI*, 1967.

É claro que o papel materno é outro fator importante no desenvolvimento da filha[8]. Dado que minha meta com este livro é focalizar o relacionamento pai-filha, não abordo a influência da mãe nem extensa nem profundamente; apenas assinalo alguma coisa nesse sentido. É freqüente haver certos pares num casamento. O pai que é um eterno menino tem, em geral, uma "mãe" como esposa. Nesses casos, é esta quem na maioria das vezes domina a casa e estipula a disciplina para a família. Através dela vêm os valores, a ordem, a autoridade e a estrutura que, normalmente, viriam do pai. Em certos momentos, essa mãe pode ser ainda mais rígida do que o mais rígido dos velhos autoritários. Junto com isso vem ainda a força de suas emoções femininas. Quando o pai é fraco e indulgente e a mãe é forte e controladora, a filha tem um duplo problema. Não só o pai não consegue funcionar como modelo masculino como não enfrenta a esposa nem ajuda a filha a se diferenciar dela. A filha talvez fique ligada à mãe e com ela se identifique. Se isso acontecer, é provável que inconscientemente adote as mesmas atitudes rígidas de sua mãe. Além disso, quando a mãe tem de funcionar como pai, a filha, às vezes, não recebe nem um atendimento verdadeiro da mãe, nem do pai.

O par contrastante é o formado pelo velho rígido que tem uma garotinha como esposa. Nessa situação, tanto a mãe como a filha são dominadas, e a mãe, em sua dependência passiva, não fornece um modelo de autêntica independência feminina. Por conseguinte, a filha corre o risco de repetir o padrão de dependência feminina ou, caso se revolte, o fará como reação de defesa contra a autoridade do pai, e não como manifestação de seus valores e necessidades femininas próprias.

---

8. O papel da mãe no desenvolvimento feminino é um tema vasto sobre o qual muito tem sido escrito. Por exemplo, Nancy Friday, em *Minha mãe, meu modelo*, investiga o efeito que a mãe tem sobre a busca de identidade empreendida por sua filha. Dentro de uma perspectiva junguiana, Erich Neumann analisa o arquétipo da "grande mãe" e sua relação com o desenvolvimento da consciência em *The great mother*, Princeton, Princeton U. Press, 1963.

Também é possível tanto ao pai como à mãe serem eternos jovens, à imagem de Scott e Zelda Fitzgerald, quando então o mais comum é haver pouca estabilidade, estrutura ou autoridade em ambos os genitores. Nesses casos, o compromisso deles é normalmente tênue, e o casamento e a família podem se dissolver, deixando a filha num estado de caos e ansiedade. Pode ser, por outro lado, que eles sejam rígidos e idosos e que governem com rédeas curtas. Nessa família, a filha será duplamente privada das fontes da espontaneidade e dos sentimentos.

Assim como em mim, constatei em minhas clientes a presença de dois padrões opostos, com freqüência resultantes de uma relação doentia com o pai. É comum que esses padrões conflitantes coexistam na psique de uma mulher ferida, combatendo-se um ao outro. A um deles chamo de "a eterna menina" (ou *puella aeterna*)[9]. Ao outro, "amazona de couraça". Neste momento, irei descrever em poucas palavras cada um desses dois padrões, pois serão posteriormente detalhados em capítulos subseqüentes.

A "eterna menina", ou *puella*, é uma mulher que permaneceu psicologicamente menininha, apesar de sua idade já ser 60 ou 70 anos. Continua a ser a filha dependente que costuma aceitar a identidade nela projetada pelos outros. Assim procedendo, entrega a eles sua própria força ao lado da responsabilidade pela modelagem de sua identidade. É comum que se case com um homem autoritário e rígido e que se torne a imagem da mulher que ele deseja. O mais freqüente é que aja e pareça inocente, desamparada e passiva. Pode também se revoltar, mas, em sua rebeldia, continua sendo a vítima desamparada que oscila entre sentimentos de autocomiseração, de depressão e de inércia. Em ambos os casos, não estará dirigindo a própria vida.

Os sonhos dessas mulheres trazem várias imagens recorrentes. Um tema onírico é a perda da carteira, com todos os

---

9. *Puella* é o termo latino para menina. A *puella aeterna* (eterna menina) é uma modalidade feminina paralela ao *puer aeternus*.

documentos de identidade e dinheiro. Por exemplo, certa mulher sonhou que seu namorado a havia abandonado e que, ao tentar chegar em casa, percebera não ter dinheiro. O único meio de transporte que podia utilizar era o ônibus escolar para as crianças pequenas. Outro tema onírico freqüente, revelador de uma dependência básica, é o de não estar dirigindo o próprio carro e estar sentada no banco de trás, em geral sentindo-se desamparada e fora de controle, enquanto o pai dirige. Outra imagem que aparece algumas vezes nos sonhos de mulheres que psicologicamente continuam menininhas é a do velho malvado que está em seu encalço, ameaça-as e, às vezes, domina-as com brutalidade. Certa moça com quem trabalhei sonhou que estava num trampolim alto enquanto um velho sádico exigia incessantes saltos cada vez mais perigosos. A menos que parasse de obedecer a suas ordens, corria o risco de perder a vida. Esses motivos oníricos revelam o perigo de perder a própria fonte de energia e identidade (simbolizada pela perda do dinheiro e da carteira), o perigo de perder o sentido da própria vida (simbolizado pelo fato de não estar dirigindo o carro), e o perigo de não se contrapor a ordens insensatas (concordando com as ordens do sádico).

Com grande freqüência, a mulher que permanece uma eterna menina não conseguiu identificar e integrar as qualidades que um pai positivo pode ajudá-la a desenvolver: consciência, disciplina, coragem, tomadas de decisão, autovalorização, direção. Muitas mulheres de nossa cultura encontram-se hoje nessa posição porque os "pais culturais" não as incentivaram a desenvolver tais qualidades, e, na maioria das vezes, foram inclusive desencorajadas nesse sentido. Resulta disso uma situação desastrosa em que a mulher se sente fraca e impotente, desprovida de recursos, temerosa de investir em si mesma, subjugada pelas regras ditadas por princípios antiquados, dominadores e patriarcais. Constatei o funcionamento desses padrões em minha vida e nas de muitas mulheres que permanecem paralisadas no padrão infantil da eterna menininha. É como se o lado masculino de uma mulher estivesse dividido em dois opostos: o menininho fraco e o velho sádico pervertido. Essa combinação impede-a de desenvolver-se, já que, em nível inconsciente, essas duas figuras masculinas operam juntas em segredo. A voz do velho pervertido afirma: "Não pode fazer isso; você não passa de uma mulher", e o menininho fraco se entrega à sensação de fraqueza que impede a mulher de se libertar desse padrão destrutivo. Quantas vezes isso precisa acontecer às mulheres de nossa cultura quando elas cedem à impotência e aos sentimentos negativos que lhes dizem que não podem criar, e que todos os homens não prestam e só irão traí-las? É aí que perdem seu espírito!

A "amazona de couraça" é um padrão contrastante na vida de muitas mulheres. Numa dimensão de desenvolvimento, encontro-o quando surge como reação contra a prática inadequada do homem como pai, que ocorre tanto em nível pessoal como cultural. Quando reagem contra um pai negligente, essas mulheres em geral identificam-se em nível de ego com as funções masculinas ou paternas. Uma vez que seus pais não lhes deram aquilo de que necessitavam, percebem que precisam fazê-lo por si mesmas. Nessa medida, desenvolvem uma poderosa identidade de ego masculina através de realizações materiais, de luta por causas ideais, de posições de controle nas quais ditam elas mesmas as leis, agindo talvez como a mãe que domina a família como se se tratasse de uma empresa comercial. Mas essa identidade masculina é, em geral, uma concha de proteção, uma armadura ou couraça contra a dor do abandono ou da rejeição pelo pai, uma proteção contra sua própria suavidade, fraqueza e vulnerabilidade. A couraça protege-as de forma positiva na medida em que as ajuda a desenvolver a carreira profissional, capacitando-as a ter voz e vez no mundo dos negócios, mas, conforme a couraça as defende de seus próprios sentimentos femininos e de sua suavidade, essas mulheres costumam se alienar de sua própria criatividade, de relacionamentos saudáveis com homens, da espontaneidade e da alegria de viver o momento.

Atendo em meu consultório, todo dia, mulheres socialmente bem-sucedidas, realizadas como profissionais, economicamente independentes. À primeira vista, parecem seguras e confiantes, poderosas e fortes; porém, na proteção do consultório terapêutico, revelam suas lágrimas, confessam o desgaste e o cansaço, e uma imensa solidão. Muitas vezes a imagem da couraça emerge em seus sonhos. Certa mulher sonhou com um homenzinho fraco, cansado da vida, próximo da morte, que vestia um manto protetor com capa e capacete, armadura, escudo e espada. Em etapa posterior de sua terapia, à medida que ia abrindo mão da couraça desnecessária, sonhou ter encontrado um tesouro de diamantes oculto numa pilha de conchas de ostras abertas. Agora, sua ênfase recaía na idéia de viver o momento e abrir-se aos relacionamentos, passando a se sentir mais suave e doce. Agora a concha estava aberta e a verdadeira força do diamante tinha se tornado acessível.

Nos sonhos de uma outra mulher, o tema da couraça surgiu nas imagens de pesados casacos de inverno. Num deles, era verão e, ao sair da casa onde morara quando criança, percebeu que estava carregando vários cabides pesados de madeira para casacos de inverno, mas os casacos tinham sumido. Sentia ter perdido sua proteção. Já na rua, viu que dois rapazes estavam atrás dela. Eram desocupados brincalhões, cheios de manhas e truques, e ela teve medo deles. Por isso acelerou o passo para distanciar-se, mas eles a alcançaram sem dificuldade, e um deles desamarrou o cordão de seu sapato. Agora estava aterrorizada e, na tentativa de escapar, correu para dentro de uma casa de aspecto tenebroso, repleta de mulheres paralisadas e loucas. É desnecessário dizer que acordou horrorizada. Na realidade, essa mulher precisava perder a proteção do casaco de inverno e aprender a brincar com os rapazes joviais, mas ainda sentia medo deles.

A mulher revestida pela couraça da amazona está tão alienada de seu próprio centro quanto a eterna menina. Aliás, nas mulheres em geral, ambos os padrões coexistem. Em minha história pessoal, a couraça da amazona veio primeiro. Atrás desta, porém, encontrava-se a menininha assustada, que enfim emergiu e depois bateu asas e voou, incapaz de instalarse em parte alguma, de se comprometer com um lugar ou uma pessoa. Outras mulheres começaram como esposas cordatas e encantadoras e se tornaram guerreiras abertamente iradas. Na maioria das mulheres os dois padrões se alternam, às vezes em questão de poucos minutos. Por exemplo: uma mulher que dava muitas palestras ainda se sentia a menina frágil que tinha medo de talvez desmaiar na frente de todo mundo; no íntimo, contudo, sentia-se competente e exímia oradora. Ficou surpresa ao descobrir que outras pessoas, principalmente os homens, viam-na como uma pessoa forte e competente, quando ela mesma se considerava tímida e assustada.

Para mim, o porquê de uma mulher percorrer inicialmente o caminho da amazona de couraça ainda é uma grande dúvida a ser esclarecida. Suspeito de que uma variedade de fatores contribua para a escolha de caminhos feita por uma mulher. O temperamento inato, a posição e o papel familiares parecem ser os principais. A relação com a mãe é outro. O tipo corporal, a raça, a classe sócio-econômica são também aspectos significativos. É muito freqüente que a filha mais velha assuma a amazona de couraça e que a mais nova seja a eterna menina, mas esse nem sempre é o caso. Outro fator predominante é se a identificação da filha se deu com a mãe ou com o pai, e se ela está repetindo alguém ao se revoltar contra qualquer pessoa. Segundo minha experiência, os dois padrões (a eterna menina e amazona de couraça) estão presentes em quase todas as mulheres, embora um possa ser vivido num plano mais consciente do que outro.

As mulheres, nesses dois padrões, encontram-se muitas vezes numa situação de desespero por serem como são. Sentem-se distantes de seu eixo por terem sido separadas de partes importantes de si mesmas. É como se seu lar fosse uma mansão, mas só ocupassem poucos aposentos.

O filósofo Søren Kierkegaard ajudou-me a entender em mim e em minhas clientes a fonte dessa alienação e desse desespero. Em *O desespero humano (Doença até à morte)*, Kierkegaard analisa o desespero como uma discordância com o *Self*, com a fonte do ser humano[10]. Para ele, existem três formas principais de desespero: o que é inconsciente, o que é consciente e se manifesta como fraqueza, e, em terceiro lugar, o que é consciente e se manifesta como desafio.

Na forma inconsciente de desespero, a pessoa não está relacionada ao *Self*, mas não percebe essa situação. Segundo o filósofo, ela costuma ter uma vida voltada para o prazer superficial, dispersa nas sensações do momento, sem compromisso com nada mais elevado do que os impulsos de seu ego. É o estágio do esteticismo e do dom-juanismo. Pode-se constatar nesse caso uma espécie de existência na qual a mulher não percebe conscientemente que está desesperada, embora, como o aponta Kierkegaard, a compulsividade que busca sensações sucessivas e o prazer interminável, ao lado de momentos sombrios de tédio e ansiedade que a invadem, denotem que nem tudo está muito bem.

Se ela permitir aos momentos sombrios de tédio e ansiedade uma presença plena no domínio da consciência, sobrevém-lhe a conscientização de seu desespero, a percepção de sua discordância com o *Self* e a sensação de que ninguém é fraco demais para escolher o *Self*, na medida em que essa opção exige a aceitação da própria força de decisão nesse sentido. Nesse nível de desespero, a pessoa sofre por sua fraqueza de não comprometer-se com nada mais elevado que seus impulsos de ego. Imagino que muitas *puellas* sofram intensamente o desespero de sua fraqueza, desejando ser corajosas e correr o risco da verdade, o risco do compromisso e, não obstante, um tanto temerosas e incapazes de dar esse salto.

Se, porém, essa mulher penetra com mais consciência nas razões da fraqueza, dá-se conta de que esse álibi era de fato apenas um meio de evitar a força ali latente. O que originalmente lhe parecia fraqueza é entendido agora como desafio, ou seja, como recusa a comprometer-se! Segundo Kierke-

---

10. Søren Kierkegaard, *Fear and trembling* e *The sickness unto death*, trad. Walter Lowrie, Nova York, Doubleday and Co., Inc., 1954.

gaard, o desespero-desafio é um nível de consciência mais elevado, uma percepção de que se tem a força para escolher o *Self* ou, em termos kierkegaardianos, para se dar o salto de fé que exige a aceitação do incontrolável e do transcendente, mas que a pessoa escolhe não fazê-lo movida por um inflexível ato de desafio contra os poderes que transcendem a razão e a finitude do homem. Em desafio, a mulher recusa-se a mudar! No desespero-desafio, ela recusa a possibilidade e a infinitude. No desespero-fraqueza, recusa a verdade e a finitude. Recusar um é recusar ambos. Considero que o desespero-fraqueza seja um aspecto da eterna menina, e que o desespero-desafio, um elemento da amazona de couraça. Entretanto, no fim, são secretamente uma e a mesma coisa, como dois pólos de uma cisão no *Self*.

As mulheres que caem no padrão arquetípico da *puella* e se vêem prisioneiras do desespero-fraqueza precisam tomar consciência da própria força e se desvencilhar de sua identidade de vítimas. As que estão nas malhas da tendência de controle da amazona de couraça precisam enxergar como o controle pode ser uma falsa força, dando o devido valor à receptividade para o que não pode ser controlado. Para Kierkegaard, a resolução e a transformação acontecem, em última instância, quando o desespero em todos os estágios é superado com um salto de fé. Nesse salto, a pessoa aceita, ao mesmo tempo, as fraquezas e a força, a mescla de dimensões finitas e infinitas no ser humano, e a percepção de que este deve deslocar-se pelos opostos, em vez de identificar-se com o absoluto.

Em nível terapêutico, encontrei no trabalho do psiquiatra Carl Gustav Jung uma grande ajuda para entender esse tipo de situação existente na vida de tantas pessoas. Para Jung, a vida de cada indivíduo é um todo misterioso e complexo. O curso particular de seu desenvolvimento, proveniente de experiências familiares pessoais, de influências culturais e do temperamento inato, faz com que a pessoa enfatize uma parte de sua personalidade e desenfatize a parte conflitante. No entanto, o lado oposto, recusado, continua lá, querendo ser reconhecido e, com grande freqüência, intromete-se no lado conscientemente aceito, perturbando o comportamento e os relacionamentos daquele indivíduo. Segundo esse autor, a tarefa do crescimento pessoal consiste em enxergar o valor de ambos os lados e em tentar integrá-los de modo que possam colaborar e tornar-se proveitosos para a pessoa. A meu ver, é terapeuticamente importante para a mulher ferida levar em conta essas observações, se se encontra num conflito entre os dois padrões (o da eterna menina e o da amazona de couraça), porque ambos têm seu valor, podendo aprender muito um com o outro, e sua integração constitui o alicerce do surgimento da nova mulher.

Embora a mulher possa ser ferida pela relação comprometida com o pai, é-lhe possível trabalhar para a cura dessa ferida. Sofremos a influência de nossos pais, mas não estamos predestinadas a permanecer meros produtos deles. De acordo com Jung, existe na psique um processo natural de cura que se dirige ao equilíbrio e à totalidade. Também existem na psique padrões naturais de comportamento que ele denominou arquétipos; estes estão disponíveis como modelos internos, mesmo que os externos estejam ausentes ou sejam insatisfatórios. Nesse sentido, a mulher tem em si todo o potencial do arquétipo paterno, e pode ter acesso a esse potencial se se dispuser a correr o risco de entrar em contato com o inconsciente. Assim, mesmo que os pais pessoais ou culturais tenham inicialmente moldado nossa imagem consciente como mulheres e ainda o que podemos fazer no mundo e nos contatos que tivermos com os homens, existem em nosso interior também os aspectos positivos e criativos do pai arquetípico interno que podem compensar muitas das influências negativas existentes em nossas histórias reais de vida. O potencial para atingirmos uma melhor relação com o princípio paterno é algo que todos temos em nosso íntimo. As imagens oníricas muitas vezes revelam dimensões anteriormente desconhecidas do pai e que podemos experimentar a fim de nos tornarmos mais completos e maduros. O caso seguinte ilustra essa perspectiva da psicologia humana.

Certa mulher com quem trabalhei cresceu sob a batuta autoritária de um pai rígido que não valorizava o feminino. Ele acentuava a importância de trabalhar bastante, ter disciplina e ocupar-se de coisas masculinas. Não permitia fraquezas ou vulnerabilidades de qualquer espécie. Por conseguinte, sua filha adotou esses valores e sempre se ocupava em planejar e controlar sua vida. Não se permitia relaxar nem manifestar qualquer fraqueza. Isso, no entanto, distanciava-a emocionalmente dos outros e de seu próprio coração. Veio para a terapia pouco tempo depois de ter começado a sofrer de uma doença de pele que ficava cada vez mais visível aos outros. Era como se sua vulnerabilidade desejasse ser reconhecida. Ela não podia mais ocultá-la, pois estava à flor de sua pele para que todos vissem. No sonho inicial, após o começo da terapia, estava no alto da torre de um arranha-céu. Lá de cima conseguia ver todo o plano de tráfego da cidade, mas não conseguia descer até o chão para fazer nada. Finalmente, um rapaz que gostava de aventuras escalou a torre e ajudou-a a vir para a terra; ela então correu descalça com ele e brincaram na grama. Esse sonho apontou a dimensão do masculino que estivera ausente em seu desenvolvimento, uma vez que não lhe havia sido apresentada por seu pai, pessoa séria e rígida. Era-lhe necessário relacionar-se com o homem instintivo que sabia brincar com ela.

No começo da terapia também teve um sonho que apontava a influência paterna. Nele, queria mostrar-lhe sua doença de pele, mas ele se recusava a olhar. Ele se recusava a permitir-lhe qualquer vulnerabilidade e, inconscientemente, ela adotara essa atitude a seu próprio respeito, o que havia afetado não apenas sua vida emocional como também sua criatividade. Embora fosse bastante dotada de talento artístico e de potencial para criar, escolheu o caminho de uma das ciências mais racionais e jamais completou os estudos. Era como se estivesse no caminho do pai, e não no seu. No decorrer da análise começou a aceitar seu lado vulnerável e a permitir-se brincar. O homem de seu primeiro sonho foi uma imagem que lhe favoreceu aceitar essas suas dimensões. No nível externo, conheceu um homem carinhoso e espontâneo por quem se apaixonou, e que lhe facilitou mostrar seu lado vulnerável. Retomou os estudos, mas dessa vez numa área de que gostava muito. Logo depois disso, modificou-se a imagem de seu pai nos sonhos. Num deles, fica sabendo que ele morreu. Depois ouve um sino chamando-a para o outro lado do rio. Começa a atravessar a ponte, mas esta não está inteiramente concluída, e, por isso, ela desliza para dentro da água a fim de chegar ao outro lado. A morte do pai simboliza o fim de seu rígido reinado, e agora ela está sendo convocada a cruzar o rio, em busca de um novo lado de si mesma. A ponte até esse novo lado já está em parte construída, mas é necessário que entre na água para cruzar toda a extensão do caminho. Para ela, isso quer dizer penetrar no fluxo da vida e em seus sentimentos. Assim que o fez, a imagem paterna sofreu uma modificação em seus sonhos e se tornou mais receptiva. Num sonho subseqüente, ela perde algo que pertencia a ele, e, ao invés de recriminá-la por ter feito algo errado, ele a perdoa. Em outro sonho, o pai está trabalhando para um criativo músico de *rock*, e ela se sente orgulhosa dele. Era como se seus sonhos e sua vida estivessem dançando juntos; cada qual executava movimentos novos, alternadamente, de tal sorte que ela podia se mover segundo um modo rítmico e novo de ser. Através de sua busca de autoconhecimento e de seu trabalho com os sonhos na terapia, pôde entrar em contato com seu lado lúdico, fluente e sensível, e, dessa forma, foram liberadas sua feminilidade e criatividade. Quando experimentou as energias compensatórias do arquétipo paterno interior, começou a curar a antiga ferida causada pelo pai austero, rígido e rejeitador.

CAPÍTULO 2

O SACRIFÍCIO DA FILHA

> *Tua natureza, ó princesa, é de fato nobre e leal;*
> *Os eventos porém apodrecem, e a divindade está enferma.*
>
> Eurípides

A ferida pai-filha é uma condição de nossa cultura e, nessa medida, uma questão premente para todos os homens e mulheres contemporâneos. Com freqüência, julga-se as mulheres inferiores aos homens. É comum menosprezar-se os homens que apresentam qualidades femininas. Está implícita na ferida pai-filha uma relação abalada entre os princípios masculino e feminino[1]. Isso afeta não apenas os indivíduos, mas também os casais, os grupos, a sociedade como um todo. Tanto homens como mulheres sofrem com isso. Ambos estão confusos a respeito de suas próprias identidades e papéis, diante um do outro.

As raízes da ferida pai-filha são profundas e podem ser claramente vistas no drama grego *Ifigênia em Áulis*, da auto-

---
1. Para uma discussão mais detalhada, ver Ulanov, *The feminine*, cit.

ria de Eurípides. Essa tragédia mostra como o pai acaba sacrificando a filha, e retrata a ferida que se abre em seu peito quando é impelido a executar esse ato. Também expõe a limitada visão da feminilidade vigente numa sociedade patriarcal. Ifigênia é a filha mais velha e querida do Rei Agamenon. Contudo, na peça, ela é sacrificada, sendo sentenciada à morte pelo próprio pai que a ama de todo coração. Como é que isso pode acontecer? Como é possível que um pai sacrifique a filha?

No início da peça encontramos Agamenon profundamente desesperado, quase louco, porque concordou em sacrificar sua filha Ifigênia. Os gregos haviam declarado guerra a Tróia porque Páris, o troiano, havia raptado Helena, a mais linda das mulheres e esposa de Menelau, irmão de Agamenon, mas, quando o exército se dirige para a baía de Áulis, pronto para zarpar em combate, não há vento. Enlouquecidos pelo desejo de lutar, os soldados vão se tornando impacientes, e o controle de Agamenon é ameaçado. Temendo a perda de seu poder, de sua glória e do comando de seus exércitos, Agamenon consulta um oráculo que lhe diz que deverá sacrificar sua filha primogênita para a glória maior da Grécia. O sacrifício deverá ser realizado em honra da deusa Ártemis, em troca de vento para as embarcações. Desesperado, Agamenon enfim concorda com o oráculo e manda chamar Ifigênia, dizendo que ela irá se casar com Aquiles. Isso, porém, é apenas uma desculpa para que ela vá a Áulis. Depois, Agamenon dá-se conta da loucura que havia cometido, mas é tarde demais.

Irado, Agamenon acusa Menelau de se deixar seduzir pela beleza e de estar disposto a perder o juízo e a honra por causa dela. Menelau acusa Agamenon de concordar com o sacrifício de Ifigênia para salvar o próprio poder. Enquanto os dois irmãos brigam ferozmente, Ifigênia chega e Agamenon se sente impotente diante da força do destino. Mesmo tendo Menelau, num rompante de súbita compaixão, compreendido seu erro e pedido a Agamenon que não sacrifique a filha, este agora se sente forçado a ir em frente. Tem medo de, recusando-se, provocar uma revolta na massa ensandecida, que então sacrificaria não só Ifigênia como ele também. Assim, o Rei Agamenon, governado por sua própria subordinação ao poder e à glória da Grécia, e por seu medo, sente-se intimado a matar Ifigênia, sua filha.

Quando Ifigênia e a mãe, Clitemnestra, chegam a Áulis, vêm felizes com a perspectiva do casamento da moça com Aquiles. No entanto, Ifigênia encontra o pai estranhamente triste e preocupado, e, quando ele exige que Clitemnestra deixe Áulis antes do casamento da filha, ela considera seu ato muito estranho e se recusa. Enfim descobre a trama para sacrificar a filha e fica transtornada. Também Aquiles se enfurece, quando toma conhecimento do fato de ter sido enganado por Agamenon, e jura proteção à moça, se preciso com a própria vida. Desesperada e horrorizada, Clitemnestra confronta Agamenon com o que ouviu. A princípio, ele se esquiva e nega a acusação, mas, depois, admite a terrível verdade. Completamente enfurecida, Clitemnestra acusa-o de algo ainda mais vergonhoso: ter assassinado seu primeiro marido e filho e tê-la tomado à força. Entretanto, por ter seu próprio pai consentido com esse casamento, ela se submeteu e tornou-se uma esposa obediente. Clitemnestra tenta fazer com que a vergonha leve Agamenon a mudar de idéia. Ifigênia suplica ao pai pela própria vida. Ambas indagam dele por que Helena — irmã de Clitemnestra e tia de Ifigênia — deveria ser mais importante do que sua filha, mas Agamenon, impotente diante do desejo demoníaco de poder que inebria os exércitos, alega que seu dever é primeiro com a Grécia e afirma não ter outra escolha.

A princípio, Ifigênia amaldiçoa Helena, seu pai assassino e o exército sedento por invadir Tróia. Porém, quando até Aquiles fica impotente diante da massa enfurecida de soldados, termina cedendo. Resolve morrer com nobreza pela Grécia, pois toda a Hélade aguarda seu gesto para que a frota possa zarpar. Por que deveria Aquiles morrer em seu lugar, pergunta ela, quando "um único homem tem mais valor do que uma multidão de mulheres"[2]? Quem era ela, uma mortal, para se opor à divina Ártemis? O coro grego, falando pela verdade, replica: "Tua natureza, ó princesa, é de fato nobre e leal. Os eventos porém apodrecem, e a divindade está enferma"[3]. Contudo, Ifigênia dirige-se para a própria morte com total dignidade, perdoando o pai e pedindo à mãe que não fique com raiva nem o odeie[4].

Que visão do feminino transparece nesta tragédia? A de que a mulher é considerada posse do homem! As três personagens femininas principais são vistas como objetos possuídos pelo homem. Uma vez que Menelau considera Helena como uma posse, sua perda desencadeia a guerra dos gregos contra os troianos para que seja recuperada. Clitemnestra, a esposa obediente, é vista por Agamenon como algo que ele deve governar, e Ifigênia é a filha que pode ser sacrificada pelo pai. Vemos aí que o feminino não tem permissão para se revelar a partir de seu próprio cerne, mas se reduz àquelas formas compatíveis com a visão masculina vigente.

Ao mesmo tempo, o objetivo masculino predominante é o poder: o primeiro dever do homem é para com a Grécia, seja qual for o custo disso. A sedução de Helena por Páris é, na verdade, o pretexto para que os gregos declarem guerra aos troianos, como o percebe depois Agamenon, quando é tarde demais: "Um estranho desejo grassa com poder demoníaco pela armada helênica..."[5]. E é esse desejo de poder que, em última análise, cobra o sacrifício de Ifigênia.

Essa tragédia exemplifica também a cisão no seio do feminino. Um papel é atribuído a Helena, que personifica a beleza. Outro é dado a Clitemnestra, o de esposa e mãe obe-

---

2. Eurípides, Iphigenia in Aulis, in *Orestes and other plays*, Baltimore, Penguin Books, Inc., 1972, p. 419.
3. Ibid.
4. Em algumas versões, Ifigênia teria sido salva, no último momento, por Ártemis, passando a servir como sacerdotisa dessa deusa amazona, o que é a antecipação da compensação que hoje prevalece em nossa sociedade.
5. Ibid., p. 412.

diente e laboriosa. Essas duas formas do feminino são os únicos papéis para mulheres que esse texto apresenta. O domínio do feminino é desvalorizado ao ser reduzido a servir os homens, seja pela beleza, seja pela obediência. O ideal da beleza reduz o valor da mulher a uma mera projeção do desejo masculino e a coloca na posição infantil de dependência típica da menina. A obediência respeitosa a reduz ao *status* de serva do patrão masculino. Em ambos os casos, ela não existe em si nem a partir de si, mas sua identidade só se configura em relação às necessidades do homem. O pai, o Rei Agamenon, apóia essa desvalorização do feminino quando, enfim, concorda em sacrificar sua filha para que os gregos possam trazer Helena de volta, e espera que sua esposa, Clitemnestra, curve-se a essa determinação. Sua própria ambição e necessidade de poder vêm em primeiro lugar, e o bem-estar de sua filha é apenas secundário.

Assim como as duas irmãs, Helena e Clitemnestra, personificam a divisão feminina de beleza e obediência, também os dois irmãos, Menelau e Agamenon, têm suas almas governadas pelos dois opostos. Menelau, o irmão pueril, fica a tal ponto seduzido pela beleza de Helena que se dispõe a sacrificar tudo o mais: um exército inteiro de homens e até mesmo a vida de sua sobrinha. Por outro lado, Agamenon oferece sua alma para servir ao desejo de poder da Grécia e em nome de sua própria ambição de ser rei, mesmo que essa posição o isole e impeça de manifestar seus sentimentos paternos humanos. Talvez a pior ferida da qual Agamenon sofra seja a de não poder chorar, como o confessa:

> "Em que armadilha humana do Destino compulsivo caí! Algum poder divino, mais esperto que toda minha esperteza, ludibriou-me e venceu. Ter nascido numa casta inferior tem suas vantagens; o homem pode chorar e contar seus sofrimentos a todo mundo. Um rei sofre das mesmas penas, mas as exigências da dignidade governam sua vida e tornam-no escravo das massas. Envergonho-me de chorar e, também, de não chorar, sofrendo como estou com tanto desespero"[6].

---

6. Ibid., p. 383.

Em que armadilha caiu Agamenon, rei e pai? O espírito parece impotente, simbolizado pela ausência de vento. E como anunciou o coro: "... os eventos apodrecem e a divindade está enferma". Agamenon está preso pela obstinada busca de poder dos gregos e, em nome disso, sua filha é sacrificada para ser a alma da Grécia. Para tanto, exige-se sua morte física. O rei, como manifestação visível do princípio divino, endossa valores que são conscientemente admitidos pela cultura. Nesta, o feminino está reduzido a ser apenas o objeto de metas masculinas. Portanto, na tragédia, as mulheres não têm o poder de verdade. Como objeto de beleza, Helena é seduzida. Clitemnestra, como esposa, deve obedecer ao comando do marido. No papel de mãe, tem o mesmo poder de mando em sua casa, mas, quando se trata de salvar a vida da filha, é impotente. A filha Ifigênia deve ser sacrificada em nome do poder político do Estado. Como diz a Agamenon, quando suplica pela própria vida: "... minhas lágrimas são minha única mágica. Irei usá-las, porque posso chorar"[7]. Sua inocência e suas lágrimas, no entanto, não adiantam quando o poder político tem um valor mais alto. Nessa medida, a desvalorização cultural do feminino, que o Rei Agamenon confirma, conduz ao sacrifício de sua filha. Embora Ifigênia seja pura e nobre, e perdoe o pai quando considera a finalidade de sua decisão, reafirma com sua submissão ao destino essa desvalorização do feminino. Sacrifica-se pela Grécia e declara que "um único homem tem mais valor do que uma multidão de mulheres". Ao aceitar a projeção da alma de seu pai, diz:

> "... que meu pai circunde o altar, seguindo a trilha do sol. Venho para dar aos gregos a liberdade e a vitória! Guiai-me, virgem que sou nascida para derrotar a grande Tróia e todo o seu povo"[8].

Ao incorporar o papel de alma da Grécia, Ifigênia desiste de toda a sua identidade feminina e do valor de suas lágri-

---
7. Ibid., p. 411.
8. Ibid., p. 422.

mas, "... pois que no altar não há lugar para lágrimas"[9]. Embora se submeta e perdoe, sua mãe — abandonada à própria fúria e desespero — não consegue perdoar. Por isso, a história da família prossegue quando, em outras tragédias, Clitemnestra mata Agamenon para vingar a morte de Ifigênia, e, como vingança pelo assassinato de seu pai, o filho, Orestes, mata a mãe, Clitemnestra[10].

O sacrifício de pai e filha tem suas raízes na dominação do feminino pelo poder masculino. Quando o masculino é desprovido de valores femininos, quando não permite ao princípio feminino manifestar-se a seu próprio modo, a partir de seu centro natural, quando não concede ao feminino a multiplicidade de suas formas, mas o reduz apenas àquelas que servem à finalidade masculina, o masculino perde sua relação com os valores da dimensão feminina. É aí que o masculino se torna brutal e sacrifica não só a mulher exterior mas também o lado feminino interior.

A imagem desse estado está expressa pelo hexagrama 12 — Pi, ESTAGNAÇÃO — do *I Ching*, o livro taoísta chinês que transmite a sabedoria milenar. A imagem básica do livro, sobre o cosmo e a existência humana, baseia-se na relação entre os princípios masculino e feminino. Quando essas duas polaridades estão em harmonia há a fonte do crescimento, da espiritualidade, da criatividade — pela união das sabedorias masculina e feminina. Mas, quando ambas estão em desarmonia, existe a condição favorável ao caos e à destruição.

No hexagrama 12, ESTAGNAÇÃO — o princípio masculino (céu) está acima, e o princípio feminino (terra) está abaixo. Acerca deste relacionamento entre o masculino e o feminino o *I Ching* diz:

> "O céu está acima, retirando-se cada vez mais, enquanto a terra abaixo mergulha nas profundezas. Os poderes criadores estão disso-

---

9. Ibid.
10. Ver a peça de Eurípides, *Electra*.

ciados... Céu e terra estão dissociados, e todas as coisas tornam-se entorpecidas. O que está acima não se relaciona com o que está abaixo, e na terra prevalece a confusão e a desordem"*.

O *I Ching* continua e diz ainda que, diante de tal configuração, prevalece a desconfiança mútua na vida pública, e que é impossível uma atividade proveitosa porque a relação entre os dois princípios fundamentais está equivocada. Tal é a situação do vínculo entre o masculino e o feminino retratado por Eurípides em *Ifigênia em Áulis*. Do ponto de vista da psicologia junguiana, a relação abalada entre os princípios masculino e feminino pode existir no interior de cada pessoa tanto quanto entre elas. Toda mulher tem uma dimensão masculina, geralmente oculta em sua psique inconsciente. Corresponde-lhe, no homem, a presença de um lado fiminino que, no mais das vezes, é inconsciente e inacessível. A tarefa do crescimento pessoal para cada um é tomar consciência desse lado contrassexual, valorizá-lo e exprimi-lo conscientemente, quando a situação for apropriada. Quando o lado contrassexual é aceito e valorizado, torna-se uma fonte de energia e inspiração, permitindo a união criativa dos princípios masculino e feminino no interior da pessoa, assim como o relacionamento criativo entre homens e mulheres.

Quando desvalorizado e suprimido, o feminino termina por enfurecer-se e exige o que lhe é de direito, porém de maneira primitiva, como o simboliza o ato de Clitemnestra ao matar Agamenon. O sacrifício de pai e filha, por conseguinte, afeta não apenas o desenvolvimento das mulheres, mas também o crescimento interior dos homens. Agamenon está tão machucado, tão desesperado, tão aprisionado na vida quanto sua filha Ifigênia.

A cisão no masculino, que cria o desejo pelo belo e o anseio pelo poder, e sua correspondente no feminino entre a be-

---

* Nota da Tradutora: transcrição da p. 61 da edição brasileira (*I Ching, O livro das mutações*, trad. Alayde Mutzenbecher e Gustavo Alberto Corrêa Pinto, Editora Pensamento, 1988).

la (a eterna menina) e a zelosa (amazona de couraça), manifesta-se na tragédia pelos irmãos que se confrontam (Menelau e Agamenon) e pelas irmãs que se relacionam mal (Helena e Clitemnestra). Esse fracionamento em opostos é conseqüência da ferida pai-filha. A cisão masculina resultante nessas duas metades reduz, por sua vez, o ideal feminino à beleza e à obediência. Os dois irmãos usam as mulheres: um para o prazer, outro para o poder. Ifigênia, ao personificar o potencial feminino, protesta no início contra sua condição, mas, depois, acaba sucumbindo ao objetivo de poder.

O sacrifício é feito em nome de Ártemis, a deusa virgem da caça, porque Agamenon havia matado um de seus veados sem render-lhe as devidas homenagens. Segundo algumas lendas, Agamenon seria um caçador melhor ainda que Ártemis, e esta, por raiva, silencia os ventos e exige o sacrifício de Ifigênia[11]. Ártemis tinha sido negligenciada por Agamenon. Do ponto de vista psicológico, não dar a devida atenção a uma deusa mostra que o aspecto da psique que ela representa não é conscientemente valorizado. Como deusa virgem, Ártemis simboliza a qualidade virginal de *ser una consigo mesma*, atitude interior da feminilidade centrada e independente[12]. Uma de suas funções é proteger as moças púberes, ensinando-as a ser independentes. Foi isso que Agamenon e os valores culturais vigentes desonraram. O feminino não teve efeito consciente sobre o masculino. Em última instância, Agamenon não ouviu nem a esposa nem a filha. Ele não permitiu a independência feminina, nem respeitou uma das deusas maiores, Ártemis. Só valorizou seu próprio poder, apoderando-se do que desejava; por exemplo, do veado de Ártemis. Talvez Ár-

---

11. Larousse, *World mythology*, Nova York, Hamlyn Publishing Group, Ltd., 1973, p. 125-7. Isso sugere uma oposição entre a lunar Ártemis, personificação do poder do espírito feminino, e o espírito masculino do vento.
12. Esther Harding investigou a imagem da virgem em relação à antiga deusa e assinalou que, simbolicamente, toda mulher necessita sentir e agir a partir do poder e da força de sua própria sabedoria feminina singular, em vez de projetar seu poder nos homens. Ver *Women's mysteries*, Nova York, Harper & Row, Publ., 1976, p. 103-4 e 125.

temis tenha exigido o sacrifício para lhe mostrar o que está perdendo quando desvaloriza o feminino. Perder a filha, símbolo de seu potencial feminino, demonstra as conseqüências de sua sede de poder. Se o homem pisa em cima do feminino, perde sua relação com ele. Assim, em certo sentido, o sacrifício a Ártemis é necessário para que se honre a independência feminina.

Embora *Ifigênia em Áulis* seja uma tragédia grega escrita em torno de 405 a.C., a mesma situação prossegue em nossos dias, na cultura ocidental. O feminino ainda se vê reduzido, aos olhos de muitos homens, à esposa obediente ou à amante bela, ou a uma variação desses temas. Muitas mulheres ainda hoje se encontram vivendo para os homens, e não para si mesmas, porém, há algumas que, num movimento de reação, começam a romper com esses círculos e a se realizar profissionalmente. Demasiadas vezes, mas, a fim de concretizar essa ruptura, libertando-se da dependência da *puella*, imitam o modelo masculino e, dessa forma, perpetuam a desvalorização do feminino. Por outro lado, as mulheres que se sentem impotentes e se enfurecem, como Clitemnestra, podem ser externamente obedientes e respeitar o sistema, mas, no íntimo, manifestam sua raiva, por exemplo, eliminando o sexo, tendo casos amorosos extraconjugais por vingança, ultrapassando o limite dos cartões de crédito do marido, bebendo demais, adoecendo e assumindo uma postura hipocondríaca, depressiva, suicida etc.

Talvez a maior ferida que o homem sofra seja a de não admitir sua própria ferida: ser incapaz de chorar. Muitos pais alimentam a ilusão de que devem ter sempre razão e justificativas para manter o controle e a autoridade; assim, também são vários os homens prisioneiros de objetivos de poder através de controle e realizações tecnológicas; todos deparam com esse problema. Perderam o poder de suas lágrimas e não souberam honrar seu próprio lado jovem, terno e feminino. Como Agamenon, sacrificaram sua "filha interior" em nome de seu próprio poder, ou, como seu irmão Menelau, sucumbiram ao poder da mulher exterior e perderam o acesso à sua feminilidade mais genuína. Em ambos os casos, o espírito feminino independente não é honrado e está perdido.

Em muitos sentidos, *Ifigênia em Áulis* serve de imagem para o que se passa hoje: o caos e o desejo de poder ainda predominam entre os sexos. A relação harmônica entre os princípios masculino e feminino — o espírito — ainda não foi encontrada como agente eficaz nas vidas da maioria das pessoas. As questões, pelo menos, são abundantes, e onde há questões há busca, conscientização e esperança de dissolver os padrões inadequados existentes.

Existem muitas Ifigênias modernas em nossa cultura, sofrendo uma visão limitada de feminilidade, uma perspectiva estreita intimamente ligada à trama cultural e às posições existenciais dos pais e das mães. Essas mulheres muitas vezes sentem raiva e tomam consciência de que as imagens atribuídas às mulheres em nossa cultura patriarcal foram influenciadas por uma relação inadequada dos homens com a feminilidade. Apesar disso, sentem-se presas e impotentes.

Joan, uma mulher talentosa e atraente de quarenta e poucos anos, é um exemplo disso. Cresceu sentindo que a mulher ideal deveria ser como Helena — a mais linda, desejável e sedutora, capaz de atrair todos os homens com o olhar e a aparência, e de fazer tudo aquilo que eles precisassem e desejassem. Essa imagem, endossada pela cultura, também era proveniente, em parte, de seus pais. Sua mãe, vítima de uma divisão interna em sua própria feminilidade, era inteligente, jovial e dependente (a eterna menina) embora tivesse um verniz de guerreira independente (a amazona de couraça), incapaz de se entregar e desfrutar o relacionamento sexual com o marido. Seu pai, frustrado no casamento, amava a filha provavelmente um pouco demais, e por isso esta, com muita probabilidade, captava seu desejo inconsciente de um relacionamento amoroso, assim como sua sensação de culpa diante disso.

Os sonhos forneceram-lhe imagens que a ajudaram a enxergar alguns dos papéis que havia assumido e que, na realidade, não lhe eram apropriados. Num deles, Joan é relegada pela mãe à posição de Cinderela e tem de limpar as cinzas que sujam o chão. Em certo sentido, essa era a mensagem inconsciente que recebia: não era tão linda quanto a mãe e, como filha respeitosa, sua tarefa era limpar o relacionamento inadequado entre seus pais. A solução que Joan encontrara para tanto fora tornar-se mediadora entre os pais e uma profissional muito competente. No íntimo, contudo, sentia-se inferior porque secretamente desejava ser "Helena", a mulher por quem seu pai ansiava em silêncio, a mulher que fora a imagem cultural de todos os tempos. Sair com rapazes, ser "escolhida" por alguém da faculdade, e casar-se logo depois da formatura era a imagem ideal para a vida das mulheres de seu ambiente. Quando Joan entrou na adolescência, sentiu-se defasada em relação a essa imagem, em termos de seu desenvolvimento físico e emocional. A pressão das outras moças de sua idade e do sistema de namoro então vigente fizeram com que se sentisse inferior. Por um lado desejava receber a aprovação cultural e, ao mesmo tempo, também odiava a imagem assim transmitida porque sabia que representava uma traição às necessidades e às potencialidades autenticamente femininas. Os homens pelos quais se sentia atraída eram sempre muito mais jovens e imaturos; com estes mantinha-se num papel maternal. Tais relacionamentos não davam certo na medida em que não lhe proporcionavam o envolvimento maduro que desejava, e os homens ficavam em geral assustados e passivos em nível sexual. Nos sonhos de Joan, seu pai aparecia muitas vezes como uma figura que fazia julgamentos morais e que a criticava por ter relacionamentos eróticos. Dessa forma, suas ligações com homens que não podiam responder de modo sexualmente maduro permitiam-lhe evitar a possessividade paterna.

Em nível profissional, era aparentemente um sucesso. Porém, até nesse âmbito, trazia de modo inconsciente a perspectiva masculina quando, por exemplo, em vez de empreender um projeto criativo baseado em sua forma instintiva e espontânea de compreender o desenvolvimento feminino preferia a realização de projetos administrativos. Embora os efetuasse muito bem, eles não acionavam seu talento poético ao máximo de seu potencial e impediam-na de cultivar sua criatividade. Ela sabia como se sair bem no mundo masculino dos negócios, e sua capacidade para trabalhar duro e ser útil garantiu-lhe a independência financeira, mas também estava cansada de ser tão forte e ansiava por alguém que tomasse conta dela. Em nível consciente, desempenhava uma versão zelosa da amazona de couraça, mas, em seu íntimo, desejava ser como Helena, a eterna menina desejada pelos homens. Como muitas outras mulheres, tinha raiva daquelas que se saíam bem nesse papel.

Joan sentia-se presa a essas imagens opostas do feminino. O papel prestativo da escrava-mãe não era emocionalmente gratificante, e ela era por demais independente e criativa para se tornar uma simples imagem dos desejos inconscientes dos homens. Na qualidade de uma Ifigênia contemporânea, sentia-se sacrificada no altar da desaprovação cultural masculina a respeito do espírito feminino independente. Diferentemente da heroína grega, porém, Joan não aceitava, no fundo, a projeção de feminilidade feita pelo pai cultural. Numa dimensão concreta, pertencia ao grupo de mulheres que investiga as imagens femininas divinas existentes em muitas culturas e mitos. Em seus sonhos, era abordada por uma poderosa e enigmática figura feminina que a convidava a montar num elefante, animal real que transporta os senhores da Índia. Esse sonho tornou-se a imagem viva da experiência de êxtase do feminino, na qual encontrou uma fonte de poder autêntico, poder que não tem necessidade de recorrer à aceitação por parte de algum homem externo, ou de alguma instituição patriarcal. Para ela, o seguinte poema de Mirabai, poétisa hindu, expressa a experiência extática de uma mulher que sente sua própria centralidade feminina e o espírito que a anima, e tenta expressá-los ainda outra vez, o que significa ser mulher. Como escreve Robert Bly, poeta e tradutor de Mirabai para o inglês, "na autoconfiança que ela sente, desaparece a autopiedade"[13]. O poema se intitula "Por que Mira não pode voltar para sua antiga casa":

> As cores do Sombrio penetraram no corpo de Mira;
> as outras cores se esvaíram.
> Fazer amor com Krishna e comer pouco, são estas as minhas
> pérolas e cornalinas.
> As contas de entoar e a marca na testa, eis os
> meus braceletes.
> Estas bastam como artifícios femininos para mim. Minha mestra
> ensinou-me assim.
> Aprove-me ou desaprove-me. Louvo a Energia
> da Montanha dia e noite.
> Percorro o caminho que os seres humanos extáticos vêm trilhando
> há séculos.
> Não roubo dinheiro nem ataco os outros. De que
> me acusarão?
> Senti o balanço das ancas do elefante... e
> agora querem que eu monte num asno? Tentem
> ser sérios![14].

---
13. Robert Bly, *News of the universe*, São Francisco, Sierra Club Books, 1980, p. 256.
14. Ibid., p. 277.

CAPÍTULO
3

A ETERNA MENINA

Odeio
esta minha alma flexível e desgraçada,
que suporta com paciência, torcida e trançada,
nas mãos dos outros.

Karin Boye

O pai da Bela Adormecida era um rei que amava profundamente a filha, mas que se esqueceu de convidar uma das mais antigas e poderosas fadas para celebrar o batismo da menina. Seu esquecimento desse poder feminino custou ao mundo cem anos de sono e inatividade. O pai de Cinderela deixou-se dominar por uma segunda esposa muito poderosa, de tal sorte que sua filha foi condenada pela invejosa madrasta a viver com trapos e a ser a faxineira-arrumadeira do palácio. Um dos homens era aparentemente poderoso, o rei; o outro, passivo e ineficaz. Ambas as filhas sofreram e as duas foram relegadas a posições subalternas e inativas. Esse papel passivo é um dos caminhos para as mulheres que vivem o padrão da "eterna menina". Bela Adormecida e Cinderela foram afinal salvas por príncipes, da mesma forma como muitas mulheres que tiveram uma vida passiva haviam buscado segurança e proteção no casamento. Mas, no fim, a maioria delas sente que traiu a si mesma.

Nossa cultura colaborou para essa traição. As mulheres são elogiadas pela anuência, adaptabilidade, delicadeza, jovial doçura, cooperação obediente com os maridos, que são a "fôrma de sua matéria". As mulheres que têm suas vidas pautadas por esse padrão arquetípico de existência permaneceram simplesmente fixadas num nível infantil de desenvolvimento. Por uma variedade de razões, como Peter Pan, preferem não amadurecer e são para sempre meninas. As vantagens dessa opção são compreensíveis. Pode ser confortável e excitante ser admirada como uma coisinha jovem e doce, depender de uma pessoa mais forte para tomar decisões importantes, deleitar-se com fantasias românticas sobre o Príncipe Encantado que consegue atravessar o espinheiro em torno da Bela Adormecida para salvá-la, flertar com as possibilidades, tornar-se a imagem de camaleão do delírio de muitos homens, e até mesmo esquivar-se diante da vida e passar os dias num mundo particular de faz-de-conta, mas também são inúmeras as desvantagens desse estilo de vida feminino. Em troca desses benefícios, a eterna menina muitas vezes abre mão de sua independência e acata uma vida passiva e dependente. Em vez de desenvolver-se nos planos pessoal e profissional, de elaborar sua própria identidade, de descobrir quem realmente é através da difícil tarefa da autotransformação, a eterna menina em geral adquire sua identidade a partir das projeções feitas pelos outros sobre ela, entre as quais: a mulher fatal, a boa filha, a esposa e anfitriã encantadora, a princesa maravilhosa, a musa inspiradora, e até mesmo a heroína trágica. Em lugar de assumir a força e o poder do potencial que lhe é inerente, e as responsabilidades que o acompanham, a eterna menina permanece frágil. Como uma boneca, permite aos outros fazerem de sua vida o que bem quiserem.

A fim de melhor enxergarmos como funciona a eterna menina, é necessário primeiro considerarmos algumas das variadas maneiras pelas quais esse tipo de existência pode se manifestar e depois acompanhar essa descrição para investigar os caminhos da transformação. Os exemplos seguintes não são em absoluto destinados a constituir "tipos" ou "categorias" nas quais as mulheres possam se encaixar com perfeição. Aliás, qualquer mulher pode viver vários desses estilos de vida, em momentos e situações diferentes. Vieram-me espontaneamente, apenas como algumas das diferentes modalidades de conduta que a mulher pode identificar em si mesma, o que tem condição de oferecer-lhe uma certa perspectiva sobre como conduz sua vida.

1. A BONEQUINHA QUERIDINHA

Um estilo infantil freqüente é ter uma existência de "queridinha". Essa mulher se torna a imagem que seu homem espera dela, adaptando-se a suas fantasias sobre o feminino. Exteriormente pode até parecer segura e bem-sucedida, e, como uma princesa poderosa, ser alvo de inveja dos desejos secretos de muitas outras mulheres, porém, no íntimo, sua identidade é frágil e insegura, pois, na medida em que constantemente posa para os outros, não sabe quem de fato é. Como no filme *Darling*, é a modelo fotográfico cuja identidade é determinada e objetivada pelo olho por trás das lentes. É praticamente uma boneca, uma marionete.

Quantas mulheres levaram quase a vida toda como esposas desse modo, sendo as companheiras e anfitriãs encantadoras para seus maridos, apenas para deparar com um divórcio, na meia-idade, destituídas de força pessoal e crescimento?

Na peça de Ibsen, *Casa de bonecas*, esse padrão está claramente retratado. A personagem principal, Nora, é uma esposa encantadora que se veste para receber o marido, Torvald, e faz tudo o que ele quer. Ela é sua boneca, seu brinquedinho, sua "tímida queridinha", sua "esquilinha", sua "cotovia", sua "pequena gastadeira", sua "passarinha cantora", sua "cabecinha de vento", e assim por diante; ele a chama por todos os apelidos usados para animais de estimação. Do ponto de vista de seu marido, Nora deve ser protegida, pois é incapaz de ser prática, de lidar com dinheiro, de tomar decisões, de ser responsável. Embora critique o sogro por ter essas mesmas qualidades infantis, considera-as desejáveis e sedutoras em Nora. Ele lhe diz, por exemplo:

> "Apenas apóia-te em mim: vou aconselhar-te e orientar-te. Eu não seria um homem de verdade se esse desamparo feminino não te tornasse duplamente atraente a meus olhos... Serei tanto tua vontade como tua consciência"[1].

O que seu marido não sabe é que Nora já tinha cuidado dele pedindo emprestado algum dinheiro, quando ele adoecera, para cobrir os gastos de uma viagem essencial à recuperação de sua saúde. Sabendo que Torvald, com sua "independência masculina", seria orgulhoso demais para humilhar-se e aceitar dela a quantia, Nora manteve seu gesto em segredo. Ao longo dos anos, trabalhando na surdina, conseguiu resgatar o empréstimo, mas, para conseguir esse dinheiro, ela havia assinado em nome de seu pai, pois ele estava doente demais na ocasião. A crise e o confronto para Nora surgem quando o agiota ameaça denunciar sua trama. No início, tenta fazer tudo para impedir que o marido saiba a verdade, e se vale de todo o encanto de que é capaz como "esquilinha". Aos poucos, vai percebendo que, ao proceder dessa forma, está de fato escondendo-se dele, ocultando não só seu erro como sua competência e força. Quanto mais clara fica essa percepção, mais ela se decide a deixar que tudo venha à tona. Quando seu marido descobre a verdade e sua imagem pública está sendo questionada, ele fica furioso e tem a confirmação de que ela é uma irresponsável. Furioso, ele declara:

> "Compreendes o que fizeste?... Toda falta de princípios de teu pai veio para ti. Nenhuma religião, nenhuma moralidade, nenhum senso do dever..."[2].

---

1. Henrik Ibsen, *A doll's house*, trad. R. Sharp e E. Marx-Aveling, Nova York, Dutton, 1975, p. 64-5.
2. Ibid., p. 62-3.

Ao ouvir tais palavras, Nora entende que não pode mais continuar fingindo um papel e que deve se defender e enfrentá-lo. Quando o agiota retira a ameaça de denúncia e o marido a perdoa, pois agora a situação não representa mais nada de sério para ele, ela tem a oportunidade de derrubar de vez seu papel de boneca. Porém, dá-se conta de que a mudança de atitude dele só aconteceu por força de circunstâncias externas, pois continua vendo-a como uma criança. Sendo assim, ela o enfrenta dizendo que, pela primeira vez em oito anos de casamento, teriam uma conversa séria. Seu texto é o seguinte:

"Fui profundamente enganada, Torvald, primeiro por meu pai e depois por ti. Tu nunca me amaste. Só pensaste que era agradável me amar. Quando morava com meu pai, ele me punha a par de suas opiniões a respeito de tudo e, por isso, eu tinha as mesmas opiniões que ele. E, quando eu discordava dele, escondia o que achava porque isso o teria desagradado. Ele me chamava de bonequinha e brincava comigo da mesma forma como eu brincava com as minhas bonecas. Quando vim morar contigo foi apenas uma transferência das mãos de meu pai para as tuas. Tu sempre dispuseste tudo de acordo com as tuas preferências e, por isso, fiquei tendo os mesmos gostos que tu, ou melhor, fingi que sim. Não tenho muita certeza do que realmente é"[3].

Para Nora, essa percepção vem acompanhada da constatação de que ela não sabe ao certo quem é, porque sempre foi dependente de algum homem. Entende que deve ficar sozinha para se conhecer e compreender, e que precisa aprender a formar seu próprio conjunto de valores e opiniões, em vez de aceitar as opiniões alheias, coletivas. Na peça, sua decisão final é deixar o marido e os filhos e lutar sozinha para se encontrar.

Embora essa possa parecer uma solução radical (principalmente porque Ibsen escreveu a peça em 1879), mesmo agora as mulheres sentem muitas vezes a necessidade de deixar a

---

3. Ibid., p. 66-7.

família e partir em busca de si mesmas. A meu ver, o mais importante é compreender a significação que tem esse ato, ou seja, a percepção de que não é suficiente existir em função de desejos e projeções dos maridos, e que é necessário descobrir quem se é, a partir de si mesma. Imaginemos o quanto fica furiosa uma mulher dessas diante do choque de perceber que sua vida não é de fato sua, que vem sendo dirigida de cima para baixo, como uma marionete. Uma das principais tarefas nesse momento é evitar afundar-se na raiva e simplesmente dar vazão aos ressentimentos através de atos amargos e vingativos. Pode muito bem ser que o pai, o marido e os homens em geral tenham, com suas projeções, contribuído para essa visão inadequada do feminino, mas a reação a essas projeções com atos de culpabilização apenas perpetua as projeções de passividade e dependência. Afora isso, existe uma sombra a ser enfrentada, pois, muitas vezes, por trás da esposa cordata, existe uma mulher forte que secretamente manipula o marido, como faz Nora. A tarefa, então, é começar a articular os próprios valores e opiniões e a aceitar conscientemente a própria força, usando-a de forma criativa e às claras.

Certa mulher que viveu a primeira parte de sua vida como uma "bonequinha engraçadinha" teve um sonho em que havia uma série de bonecos alinhados. Nesse caso, tratava-se de bonecos vestidos exatamente da mesma maneira, e ela podia escolher qualquer um que quisesse. O sonho ajudou-a a perceber que, assim como era uma boneca para os homens, sem ter uma identidade própria, mas sim adaptando-se às fantasias masculinas, também eles eram "bonecos" para ela. Seu relacionamento com os homens era tão impessoal quanto os deles com ela. A relação impessoal era típica de seu primeiro casamento e repetia o padrão que tinha vivido com o pai, um poderoso homem de negócios. Na segunda fase de sua vida ela escolhe desenvolver seus próprios recursos interiores e encontra um homem que respeita seu desenvolvimento, assim como seu encanto e sua beleza.

2. A MENINA DE VIDRO

Uma outra forma de existência infantil é ser tímida e frágil, alheia à vida, em geral habitando num mundo de fantasia. A peça de Tennessee Williams, *Zoológico de vidro**, mostra esse modelo com extrema propriedade. A protagonista, Laura, é a filha típica da eterna menina. Seu pai, figura sedutora e romântica, abandonara a família há muitos anos e dele nunca mais se ouvira falar. O narrador do texto, irmão de Laura, descreve-o apontando para o retrato em tamanho maior do que o natural, em que está o galante e sorridente pai, pendurado na parede da sala de estar à esquerda da passagem, sugerindo a enorme influência inconsciente que exerce:

> "Este é nosso pai, que nos deixou há muitos anos. Era um funcionário da telefônica que se apaixonou pelas grandes distâncias. Desistiu de seu emprego na companhia e sumiu espetacularmente da cidade... A última notícia que se teve dele foi um cartão postal de Mazatlan, na costa mexicana do Pacífico, em que havia uma mensagem com duas palavras: 'Olá — Adeus!', sem qualquer endereço"[4].

A mãe de Laura, que assume o tempo todo o papel de mártir, exibindo sua insatisfação com o pai-marido infantil ausente, vive num mundo de fantasia apegado ao passado, e projeta seus próprios desejos sobre a filha. Quer que a menina seja a "rainha do baile", como ela era antes de se casar; entretanto, Laura é muito diferente de sua mãe, embora também viva num mundo particular de fantasia. Seu universo interior se compõe de antigos discos que seu pai deixara para trás e de uma coleção de bibelôs de vidro, na forma de minúsculos animais, cuja vida ela fica constantemente inventando. Seu bichinho favorito é um unicórnio, um maravilhoso cavalo imaginário de chifre, que desde tempos imemoráveis recebe as atenções especiais das virgens. A coleção de bibelôs de

---
* Nota do Editor: *The glass menagerie*, 1945.
4. Tennessee Williams, *The glass menagerie*, Nova York, New Directions Books, 1970, p. 23.

vidro e os discos antigos de seu pai são o mundo em que vive, e não o mundo social, prático e extrovertido de sua mãe.

    Os frágeis animais de vidro são uma imagem da própria fragilidade e distância que Laura alimenta em relação à vida; a música e os discos antigos são uma nostálgica lembrança de que, embora o pai não esteja fisicamente presente, está lá como emoção. Laura também é aleijada: uma de suas pernas é um pouco mais curta que a outra e é revestida por um aparelho. O aleijão simboliza a deformidade psíquica implícita em sua situação familiar, e mostra-se em nível psicológico na extrema timidez de Laura e em sua total ausência de autoconfiança, tão severas que não consegue sequer concluir a escola e um curso comercial ao qual fora enviada pela mãe.

    A situação de Laura não é tão diferente — embora possa variar nos detalhes — da de muitas outras mulheres que passam a vida na esfera da fantasia, talvez animadas pela presença de um "amante imaginário" ou pela força de um sonho místico, incapazes de entrar no mundo real e de se relacionar com homens, prisioneiras da montanha de vidro de sua própria fantasia. Laura tem sorte. Como o príncipe de Bela Adormecida, alguém de fora da situação familiar penetra no mundo em que vive, mesmo que apenas por uma noite. Diante da insistência de sua mãe, seu irmão convida um amigo para jantar, Jim, a quem Laura havia admirado no colégio como herói. Amistoso e sociável, propicia uma relação com a vida que seu pai não possibilitara e que seu irmão não tem como oferecer, porque ele mesmo precisa se libertar. Quando Jim aparece para a visita, Laura fica tão intimidada a princípio que, zonza, não consegue comer com os demais. Porém, num outro momento da noite, Jim conversa com ela e consegue entrar em seu mundo. Sua timidez começa a se dissipar no carinho daquele rapaz, e ela lhe mostra a coleção de bibelôs de vidro, o unicórnio em especial. Pressentindo que sua timidez é fruto de uma falta de autoconfiança, ele lhe diz que ela não tem fé suficiente em si mesma, que precisa admitir o fato de ser uma pessoa superior, porque superou sua perna aleijada uma centena de vezes. Ele a convida para dançar, trazendo-a assim um pouco para seu mundo. Primeiro ela responde que não pode dançar, no entanto, com o incentivo dele consegue tentar. Inadvertidamente, enquanto estão dançando, o unicórnio cai da mesa e o chifre é quebrado, tornando-se um cavalo praticamente comum. Apegada como é ao unicórnio, Laura poderia ter-se afastado ainda mais de Jim e do que ele representa, mas, em algum ponto de seu coração, ela sabe que o unicórnio está extinto e que, na verdade, não é apropriado; aceita, portanto, o fato e chega mesmo a dizer que o unicórnio irá se sentir menos exótico agora, e o presenteia a Jim, como lembrança de despedida. Embora fique depois explicitado que Jim está comprometido e prestes a se casar, essa experiência de compreensão vivida com um homem amistoso e carinhoso, vinculado ao mundo exterior, leva Laura um passo adiante. Agora ela já dançou e deu seu unicórnio a um outro ser humano, uma aventura tanto de vida como de ação. A transformação no caso de Laura é iniciada através do masculino que, até esse momento, estivera faltando, mas também é preciso que Laura tome a iniciativa para responder-lhe, que tenha dado o salto de fé de arriscar e confiar.

Em contraste com o padrão anterior, no qual o pai se projetara demais sobre a filha e em que a tarefa era libertar-se dessas projeções paternas e maritais, este padrão implica um pai ausente. Para Laura, não existia relação com o masculino, não havia nenhuma influência ativa e consciente do pai, nenhum relacionamento com o mundo exterior. É verdade que a mãe tenta fazer isso a seu próprio modo, mas ela também vive na fantasia e não entende de fato a filha. Desprovida de projeções masculinas e de uma relação com o masculino, Laura cria seu próprio mundo, uma vida de fantasia que compensa seu isolamento em relação ao mundo exterior. Muitas mulheres dão vida a esse padrão, mas é mais comum não nos inteirarmos dele porque tais pessoas se escondem. Quando, porém, seu universo de fantasia vem à luz, por um confronto com a realidade, é freqüente que apareça na terapia.

Uma forma de se ocultar do mundo prático e extrovertido é retirar-se para o universo dos livros, em particular os de poesia e literatura fantástica. Uma de minhas clientes fazia isso e, aliás, quando pequena tinha possuído uma coleção de bibelôs de vidro com figuras de animais. Tinha crescido na pobreza, com um pai ausente, e cada centavo que conseguia ia para a sua coleção de animais de vidro e para os livros. Quando criança, sua leitura predileta era *Heidi*, a história de uma órfã que tinha ido morar nos Alpes com seu avô cético e retirado. Heidi era uma criança sociável, e seu calor humano e espontaneidade incutiram vida e amor no avô e numa garotinha doente, presa ao leito. Ela era uma parte da personalidade dessa mulher, um lado que tinha sido menosprezado durante sua infância, mas que, finalmente, emergira a partir do momento em que sua autoconfiança aumentara. Por fim, ousou escrever para si mesma e, por esse meio, acabou sendo conhecida na esfera pública. Depois teve de enfrentar o circuito das palestras e passou por muitas fantasias de ansiedade do tipo "menina de vidro", nas quais desmaiava na frente da platéia. Toda vez que fazia isso era um trauma, mas ela corria o risco e, dessa forma, pôde trazer seu mundo interior a uma vinculação com o exterior, partilhando então sua visão particular da vida com outras pessoas.

3. A DESPREOCUPADA: DOM-JUAN DE SAIAS

A mulher despreocupada é outro padrão infantil. Essa menina vive de impulsos, tão despreocupada quanto o vento, exuberante. Parece ser espontânea e solta, levando uma vida louca e excitante, ao sabor do momento, desfrutando o que estiver acontecendo. Pairando leve pelo ar, vive no reino das possibilidades. Esse estilo de vida costuma também ser etéreo, aparecendo e desaparecendo por mágica, como uma nuvem que se forma por um instante e então some. Atemporal e "espacial", essa menina relaciona-se geralmente de modo precário com os arredores, com os limites, com a ordem prática, com o âmbito corporal e com o tempo. Sua vida é, em grande medida, carente de direção e aberta ao sincrônico. São mulheres intuitivas, de tendências artísticas ou místicas, que vivem facilmente na imaginação, próximas das esferas inconsciente e arquetípica. Esse aspecto é comum a elas e às meninas tímidas e frágeis, mas diferente destas não são temerosas nem retraídas, como também não se escondem do mundo. Ao invés disso, estão aventureiramente flutuando nas alturas, em meio a uma atmosfera rarefeita, procurando muitas vezes as emoções do perigo.

Anaïs Nin, também filha de uma *puella*, descreveu com perfeição esse tipo de existência em seu romance *A spy in the house of love* (Uma espiã na casa do amor). Como sugere o título, a personagem principal, Sabina, é espiã. Descomprometida e falsa em suas relações, deve viver como espiã para poder ir embora a qualquer momento e está o tempo todo na defensiva, protegendo-se contra o risco de se revelar e desse modo denunciar suas várias manipulações. Como um caleidoscópio, muda de personalidade e de história com a rapidez de uma obcecada. Sabina é a esposa de um homem estável que funciona como pai generoso, e precisa dele como eixo de referência para sua vida, mas o sentimento que tem por ele é mais como o de uma "adolescente fugindo de casa para entrar em algum jogo proibido". Sabina não consegue suportar as exigências da vida cotidiana e revolta-se com ela. As limitações e os momentos de descanso da vida são para Sabina como as grades de uma prisão. Limites, identificações, casas, qualquer espécie de compromisso significa para ela um molde com a finalidade de torná-la estática, desprovida de toda esperança de modificação. Descreve-se da seguinte maneira: "*Quero o impossível, quero voar o tempo todo, quero destruir a vida comum, corro na direção de todo o perigo do amor...*"[5].

A lua, e não o sol, é a principal fonte de luz para Sabina, seu planeta especial. Seu domínio é composto pela vida noturna e pelo inconsciente. Aos 16 anos, tomava banhos de lua porque todos os outros tomavam banhos de sol, e porque ti-

---

5. Anaïs Nin, *A spy in the house of love*, Chicago, The Swallow Press, 1959, p. 91.

nha ouvido que era uma coisa perigosa de se fazer. Como a lua, ocultava metade de si na escuridão, vivendo amores e vidas misteriosas, escapando aos ditames do tempo com fugas oníricas até o infinito. Sensibilizada pelos raios da lua, imagina que conhece a vida lunar, "sem lar, sem filhos, amando livremente, jamais ligada de fato a alguém". É esse o ideal que a atrai.

Para poder levar essa vida livre e cheia de aventuras, Sabina engana o marido dizendo que é atriz e que precisa estar em vários lugares por causa das turnês. De certo modo, ela é uma atriz, compondo novas fisionomias e vestuários para passar cada dia por um novo amor. Diferente da atriz profissional, porém, os papéis nunca terminam; os homens para quem os desempenha acreditam que são reais e poderiam ficar com muita raiva, sentindo-se traídos, se soubessem da verdade. Para Sabina não há pausa no espetáculo e tampouco a Sabina essencial a quem retornar depois das exibições.

Ela percebe que é seu pai quem "caminha dentro dela, orientando-lhe os passos", na forma feminina da vida de um dom-juan. Como a filha, o pai de Sabina dependia da lealdade e da dedicação da mãe à vida doméstica como eixo do qual se afastou para ter uma infinidade de aventuras amorosas. Ela se questiona:

> "Era Sabina que se afobava a executar seus próprios rituais de prazer ou era seu pai, dentro dela, o sangue dele a atraí-la para os amores, a ditar-lhe as intrigas, ele que estava inexoravelmente emaranhado em seu interior pela trama da herança genética e de quem ela nunca poderia se separar de novo para conhecer de fato quem era Sabina, e quem era seu pai, cujo papel assumira por força de um amor mimético?
> Onde estava Sabina?"[6].

Essa dúvida — "Onde está Sabina?" — penetra cada vez mais o campo de sua consciência. Culpa, vergonha, ansie-

---
6. Ibid., p. 109.

dade começam a apoderar-se dela e aí se dá conta de que suas ansiedades amorosas não são muito diferentes das de um viciado em drogas ou jogo, ou seja, a mesma compulsão, o mesmo desejo irresistível e depois a mesma depressão e culpa que vêm logo antes de emergir de novo a compulsão. O vício de Sabina é o amor, mas o efeito final é o mesmo. Ela registra a dispersão, o desespero, a fraqueza bem no meio de si. Quando olha para o arco do céu no alto, percebe que para ela aquilo não representa a proteção de uma catedral, apenas "a vastidão ilimitada à qual não pode se apegar". Sabina chora e pede que a segurem para não continuar a correr de um amor para outro, para não continuar se dispersando e fragmentando.

Desesperada, na escuridão da noite dá um telefonema anônimo para um desconhecido, em busca de ajuda. O homem que atende é um detector de mentiras, simbolizando a possibilidade interior que Sabina tem de entrar em contato com o engano que comete contra si própria e de alcançar um nível mais elevado de consciência e responsabilidade. O detector de mentiras a confronta, perguntando-lhe o que deseja confessar e dizendo que o mais provável é que ela própria seja o juiz mais rigoroso que pode encontrar. Ela pede ao detector de mentiras que a liberte da culpa que a atormenta — culpa e sensação de encarceramento que, aliás, paradoxalmente, nascem da liberdade sem limites que tanto buscou. Ele lhe diz que ela é a única pessoa que a pode libertar, o que só acontecerá quando for capaz de amar. Quando ela tenta se justificar dizendo que *amou* e cita seus vários amantes, ele replica assinalando que ela só amou suas projeções, por exemplo, os cruzados que enfrentaram suas batalhas, os belos príncipes do tipo dom-juan, os juízos que deram vida aos papéis de seus pais. Em vez de se relacionar com esses homens na qualidade de indivíduos e de vê-los como eram na realidade, ela os revestiu com as roupagens dos vários mitos que desejava encarnar.

Para Sabina, a mudança só pode vir com as lágrimas de sua constatação dos enganos cometidos contra si e os outros. Até então, estará tentando esquivar-se da culpa e encontrar justificativas para sua ausência de comprometimento e de aceitação de limites. Admitir que a continuidade existe na tensão entre o movimento e a permanência é algo que ela ainda precisa aprender. Esse reconhecimento finalmente a atinge quando ouve os Quartetos de Beethoven, música que a faz chorar com a constatação.

A dificuldade para esse tipo de *puella* é que ela tenta viver por completo no domínio das possibilidades, ignorando as limitações e as realidades dos outros e de si mesma. O que ela precisa fazer, porém, é aceitar os limites e comprometer-se consigo mesma e com algo fora de si. Aceitar o paradoxo da finitude e da possibilidade é o caminho de sua resolução. Os Quartetos de Beethoven exprimem esse paradoxo em sua composição, quer dizer, expressam uma transcendência contida. Criar, através de várias formas artísticas, é uma alternativa para se atingir essa finalidade. Por exemplo, Anaïs Nin transformou a existência de *puella* que havia em seu interior escrevendo, dando uma forma a suas intuições, integrando, assim, possibilidade e realidade.

Há pouco tempo telefonou-me uma mulher muito animada, pedindo uma entrevista. Quando lhe perguntei a razão de querer iniciar uma terapia, respondeu que estava apaixonada por um homem que também a amava, no entanto, ele lhe havia dito que, enquanto ela não "se acalmasse" e formasse uma noção de seu valor como pessoa, ele não poderia considerá-la uma verdadeira parceira. Sua finalidade era definir-se em vez de dispersar-se nos relacionamentos, como costumava lhe acontecer. Seu padrão era ir de homem em homem, e ela sentia que seu valor vinha do número de amantes com quem dormia e também de suas diferentes nacionalidades. Aos 19 anos, já tinha dormido com mais ou menos trinta homens de diferentes procedências. Era muito espontânea e freqüentemente ia para a cama com quem mal acabara de conhecer na rua. Quando lhe pedia que anotasse seus sonhos e os trouxesse à consulta, esquecia-se de fazê-lo ou os anotava em antigas contas já pagas, em papel higiênico, em qualquer coisa que estivesse à mão no momento. No plano de seu desenvolvimento, sua mãe a queria "virgem" e seu pai não estivera emocionalmente próximo. Primeiro, tornou-se a queridinha da mamãe, a "boa menina"; depois, revoltou-se e encarnou o lado desconhecido dela. Em certo momento, teve um sonho no qual era um cachorrinho *poodle* francês, o animal predileto de sua mãe, e esta lhe oferecia algo especial para comer, recheado de veneno. Primeiro ela engole, depois vomita. Foi assim que se passou com ela em nível psicológico. Ela queria ter sido o animalzinho de estimação de sua mãe, mas vomitou o petisco "virgem". Disso resultou sua virada de mesa completa e sua atitude de dormir com todos que pudesse. Seu pai não estava próximo o suficiente para lhe transmitir uma noção de seu próprio valor feminino. A tarefa que cabia a essa mulher consistia em aceitar que estava se revoltando contra a mãe através dessa vida de borboleta despreocupada, mas que isso, por outro lado, a impedia de relacionar-se com o homem a quem amava.

4. A DESAJUSTADA

Outro modelo de *puella* é a mulher que, em virtude de vergonha por causa de seu pai, é rejeitada pela sociedade e/ou se revolta contra ela. Essa mulher pode estar identificada com seu pai e permanecer ligada a ele de modo positivo; assim, quando a sociedade o rejeita, ela rejeita a sociedade. Pode porém acontecer também que, de início, ela tenha rejeitado o pai e que, mais tarde, após a emergência de sua sombra do inconsciente, repita o padrão do mesmo jeito. Em famílias como essa, é comum a mãe viver um papel crítico, tornando-se a voz da consciência do "mau pai". Se a filha manifesta algum tipo de comportamento semelhante ao do pai, a mãe irá castigá-la, ameaçando-a com as mesmas fatalidades que se abateram sobre o destino do pai. A menos que a filha siga o "bom conselho" da mãe (e o mais provável é que, neste caso, assuma o padrão da amazona), ela deverá revoltar-se e reeditar o padrão paterno, repetindo seu lado autodestrutivo.

Dostoiévski descreveu esse padrão em muitas de suas personagens femininas cujos pais eram viciados de algum tipo. Parece-me que essas *puellas* em geral têm um "homem subterrâneo" na linha de Dostoiévski vivendo em seu íntimo, que se recusa com cinismo a assumir a possibilidade de ajudar, e de mudar tanto a si quanto a sociedade que o rejeitou. É provável que essas mulheres desperdicem suas vidas numa passividade inerte, entrando talvez no caminho do álcool ou do vício das drogas, da prostituição, alimentando fantasias suicidas ou talvez entrando em relacionamentos amorosos doentios. É possível ainda que se casem com homens semelhantes ao pai e que se desgastem em depressões e masoquismo diante de uma vida e de um relacionamento desprovidos de realização. De algum modo, como Perséfone, essas mulheres foram levadas ao escuro mundo subterrâneo de Plutão e lá permanecem com pouca ou nenhuma força de ego e desenvolvimento de animus que as possa ajudar.

Arthur Miller descreveu esse tipo de existência de *puella* em sua peça *Depois da queda**, ao compor a personagem Maggie, em parte com base em sua ex-esposa, Marilyn Monroe. De início, Maggie parece ser muito atraente para Quentin, o protagonista masculino, pois é inocente, sexualmente aberta, aparentemente não-defensiva e sua admiradora. Na primeira vez que a encontra, Quentin considera que Maggie é muito vulnerável às propostas dos homens e que parece não ter uma noção clara do que a magoará ou será perigoso. Ela, por sua vez, também o enxerga como figura divina e sente que seu próprio valor pessoal decorre da valorização que ele lhe confere. Maggie também não teve uma influência paterna positiva, pois seu pai a deixara quando ainda bebê e chegara inclusive a negar que fosse seu pai. Por isso, tinha crescido como filha bastarda. Sua mãe, envergonhada da situação, tornou-se muito moralista e a rejeitou. Quando Quentin entra em sua vida, Maggie projeta nele o poder de salvá-la, e es-

---

* Nota do Editor: *After the fall*, 1963.

sa projeção é para o rapaz algo irresistível. Junto com esse poder, no entanto, vem a responsabilidade pela vida da moça, e também isso ela dedica a Quentin. No íntimo, Maggie não acredita que tenha qualquer valor, e chega inclusive a chamar-se de "senhorita Ninguém", quando se registra em hotéis. Ela narra:

> "Eu podia me registrar no hotel como senhorita Ninguém... Não — 'n-i-n-g-u-é-m' no sentido de nada. Criei esse nome porque nunca consigo me lembrar de nomes falsos. Por isso, não tenho que pensar a respeito de nada, e isso sou eu"[7].

Com uma auto-estima e um auto-respeito tão precários, Maggie precisa ser adorada, como forma de compensação. No começo, Quentin (que se identifica com o poder de salvá-la nele projetado por Maggie) consegue convencê-la de sua adoração. Entretanto, depois de algum tempo, não importa o que faça, Maggie sente ciúme dele. Por não ter uma noção pessoal de seu próprio valor na qual fundamentar-se, entra em desespero e em depressão a cada suspeita de que Quentin não lhe é totalmente dedicado. Para fugir a esse círculo, entrega-se ao álcool, vício que simboliza sua dependência e sua necessidade de uma aceitação constante e irrestrita. O alcoolismo também reafirma seu temor de ser, de fato, a "senhorita Ninguém", a mais baixa de todos, vítima da sociedade, ao mesmo tempo que lhe permite dar vazão ao seu cinismo e agressividade, ocultos por trás de sua inocência, contra a figura de Quentin. Ameaça ainda suicidar-se, sugerindo assim que ele é a única pessoa que pode salvar sua vida, mas Quentin, ao perceber enfim que não está em seu poder salvá-la, e que somente ela própria poderá fazê-lo, enfrenta-a e assume:

> "Você vê, Maggie? Agora? Você está tentando me transformar na pessoa que faz isso com você?... Mas agora vou embora, por isso você não é mais minha vítima. É só você e sua mão... Você toma esses remédios para se cegar, porém se apenas dissesse 'Fui cruel' este quarto assustador se abriria. Se você pudesse dizer 'Fui chutada de

---

7. Arthur Miller, *After the fall*, Nova York, The Viking Press, 1968, p. 77.

um lado para o outro, mas também fui tão indesculpavelmente maldosa com os outros; chamei de idiota meu marido em público, fui completamente egoísta apesar de minha generosidade; fui magoada por um contingente enorme de homens, mas também cooperei com meus perseguidores'..."[8].

Nessa altura, porém, Maggie está tão identificada como a vítima que não pode mais ouvi-lo e, depois, acaba se suicidando. Ao absolutizar sua inocência e sua vitimização, ela se recusa a ver que não só é a vítima mas também a perseguidora, tanto de si mesma como de Quentin. Recusa-se a admitir que também é culpada; por conseguinte, não pode nem perdoar nem viver.

O paradoxo, na raiz desse padrão *puella*, é que, apesar de toda a real humilhação, vergonha e rejeição de sua história passada, de que resulta sua auto-identificação com a vítima e com a desvalorizada, o caminho da redenção está na luta contra essa identificação, em vez de na tentativa compulsiva de viver pela vergonha e pela repetição do padrão de rejeição. Isso requer a aceitação de que a pessoa é tão inocente quanto culpada, e que no íntimo de cada um existe o poder de destruir e salvar. A tarefa é transformar a atitude cética, o desespero e a rejeição numa atitude de esperança, passando a afirmar conscientemente a si e a vida.

Um exemplo dessa atitude transformadora está no filme de Fellini *Noites de Cabíria**. Cabíria é uma prostituta de calçada vitimizada pelos homens desde a infância. Hipnotizada durante um *show*, revela sem querer sua história passada e também o fato de que tem algumas economias. Depois do espetáculo, um homem se aproxima e diz que se apaixonou por ela. A princípio descrente, Cabíria depois acredita e os dois planejam se casar. Pela primeira vez em sua vida, parece que ela encontrou um homem em quem confiar. Depois do casamento, o casal resolve passar a lua-de-mel num maravilhoso

---
8. Ibid., p. 106-7.
* Nota do Editor: *Le notti di Cabiria*, 1956.

local onde há um precipício que dá para o mar. Enquanto Cabíria, inundada de felicidade, olha perdida para o mar, seu marido tenta empurrá-la penhasco abaixo, apodera-se de seu dinheiro, que é tudo que ela tem, e foge. Cabíria consegue se salvar, mas não seus bens. Depois desse acontecimento trágico, Cabíria começa a caminhar de volta para a cidade. Uma curiosa miscelânea de pessoas, todas estrangeiras, passa por ali por acaso, cantando e tocando. Cabíria, ainda abalada pelo horrível incidente que acabara de viver, a princípio apenas olha para o grupo. Rejeitada e humilhada como estava se sentindo, teria sido muito fácil recusar todo contato humano e permanecer como a estranha, porém, de repente, ela sorri e une-se ao canto, aceitando dessa forma a vida, mesmo com todos os seus horrores e tragédias. Seu canto e seu sorriso são uma corajosa afirmação da vida apesar de suas tremendas vicissitudes, um riso que supera a derrota. O humor e a aceitação dos paradoxos da vida parecem ser aqui os elementos essenciais, ao lado da resistência e da fé como as de uma criança pronta a ir em frente, apesar de tudo.

Uma questão freqüente com a "desajustada" em nossa sociedade emerge para muitas mulheres que escolheram o estilo lésbico ou bissexual de vida. Muitas clientes minhas sentem uma culpa tremenda por causa disso. Em geral, essa culpa acontece quando a mulher teve um pai "ruim". Se escolheu a modalidade lésbica, é uma "pessoa de fora", como o pai. Se a mãe a critica por isso, então a filha se sente tão mal quanto o pai. Dá-se uma identificação inconsciente com ele e, então, ela não está livre para escolher sua preferência sexual, seja ela hetero, bi ou homossexual. Certa mulher teve um sonho no qual a figura do avô lhe dizia que sua terapeuta a havia diagnosticado como "aberração social". Um de seus problemas era poder aceitar-se e desistir do papel de menininha boazinha que havia desempenhado na infância, principalmente tendo sido a queridinha de sua mãe. Estava implicado nessa questão o fato de que precisava confiar na capacidade de ser quem precisasse ser, independente de julgamentos morais que sua terapeuta pudesse fazer. Precisava desidentificarse da imagem negativa que tinha a seu próprio respeito, oriunda do comportamento de seu pai e do julgamento moral de sua mãe.

5. O DESESPERO DA *PUELLA*

Os padrões até aqui descritos não têm a finalidade de configurar "tipos"; são, antes, descrições fenomenológicas de quatro modalidades essencialmente diferentes de existência pueril. Tampouco são exclusivas em sua incidência: a maioria das mulheres é bem capaz de reconhecê-las em si própria. Pode, no entanto, ocorrer que um desses padrões predomine em relação aos demais. Afora isso, alguns dos padrões diferentes têm traços em comum. Por exemplo, o aspecto de rebeldia é, muitas vezes, uma parte da mulher despreocupada, como no caso de Sabina. A ênfase muito excessiva na conquista da atenção e da admiração dos homens pode aparecer tanto na bonequinha queridinha como na despreocupada e na desajustada. A ênfase na imaginação marca a *puella* tímida e frágil, assim como a despreocupada, embora esta concretize no mundo os vôos de sua imaginação, ao passo que a menina de vidro afasta-se do mundo para dentro de sua imaginação.

Um elemento comum a todos esses padrões pueris é o apego ou a uma inocência ou a uma culpa absolutizada, que são os dois lados de uma mesma moeda, capaz de alimentar a dependência de outrem que reforce ou condene os atos. Existe em todos a relutância em responsabilizar-se pela própria existência, a ausência de tomadas de decisões e de discriminações; é o outro que se incumbe disso. O relacionamento com os limites e as fronteiras também é precário: ou a recusa em aceitá-los (por exemplo, a despreocupada e a desajustada), ou sua "ilimitada" aceitação (por exemplo, no caso da tímida reclusa e da bonequinha queridinha). Essas duas tendências absolutizam a possibilidade e ignoram a necessidade, na medida em que está distorcida a relação com os limites e as fronteiras. A *puella* conduz sua vida no âmbito das possibilidades, e evita a realidade dos compromissos. Kierkegaard descreveu essa modalidade de existência como um aspecto do desespero, em seu trabalho *O desespero humano (Doença até à morte)*:

"Se então a possibilidade excede a necessidade, o *self* foge de si e, assim, não há qualquer necessidade à qual precise retornar; este é então o desespero da possibilidade. O *self* se torna uma possibilidade abstrata que se cansa de si mesma de tanto vagar no âmbito do possível; não 'arreda pé' do ponto nem chega a lugar algum, pois, justamente, o necessário é esse ponto. Tornar-se si mesmo é, exatamente, um movimento nesse ponto. Tornar-se é um movimento a partir do ponto, mas tornar-se si mesmo é um movimento nesse ponto.

A possibilidade aparece, então, cada vez maior ao *self*, e um número progressivo de coisas torna-se possível porque nada se torna real. Por fim, é como se tudo fosse possível: e é precisamente aí que o abismo terá engolido o *self*"[9].

Como assinala Kierkegaard, permanecer no possível conduz a uma de duas direções principais: para os desejos e os anseios, ou para a fantasia melancólica. Parece-me que a bonequinha queridinha e a despreocupada se inclinam na primeira direção, enquanto a menininha de vidro e a desajustada vão na segunda. Em todos os casos, porém, resulta a incapacidade de agir. Para que a ação seja verdadeira, é preciso a síntese e a integração tanto da possibilidade como da necessidade, e é essa síntese, segundo Kierkegaard, que traduz um dos aspectos fundamentais da pessoalidade.

A questão central para a *puella* é afirmar-se como a pessoa que realmente é, já que sua tendência é conquistar sua identidade (ou falta de identidade) junto aos outros. Ela se permitiu tornar-se um "objeto", viver a partir de uma identidade que não é a sua, congelando assim o fluxo de mistério que é. O irônico é que sua vaga e vazia identidade camaleônica, sua contínua permanência no reino das possibilidades, pode ser uma tentativa errônea de entrar em contato com o mistério de sua alma, isto é, "ser misteriosa". O mistério autên-

---
9. Kierkegaard, *Sickness unto death*, cit., p. 169.

tico, porém, não pode ser apreendido nem contido desse modo. Para que a mulher se relacione de fato com o próprio mistério é preciso que discrimine, com objetividade, entre suas potencialidades e verdadeiras limitações, tornando então concreta a síntese resultante dessa percepção. A *puella* precisa aceitar seu potencial de força e desenvolvê-lo a fim de efetuar a concretização do mesmo; precisa ainda comprometer-se com seu ser misterioso e singular.

A base do problema pueril está no que Kierkegaard chama de "O desespero-fraqueza: o desespero de não desejar ser si mesma". Nessa forma de desespero, a pessoa percebe que não tem uma relação com seu *self* e que se sente fraca demais para escolhê-lo. Por isso, o desespero vem diante da própria fraqueza, da própria incapacidade de escolher um modo mais significativo de vida. A adaptação de ego da *puella* foi, precisamente, ser fraca: ser passiva e desempenhar o papel desejado para ela pelos outros. Até a *puella* presunçosa, a "despreocupada", permanece fraca, pois não atualiza suas possibilidades; apenas brinca com elas. Assim, nunca se torna uma figura poderosa no mundo. Uma vez que vive perpetuamente no âmbito das possibilidades, a *puella* incentiva sua fraqueza porque nunca efetiva coisa alguma. Como tão bem o descreve Kierkegaard, ela é tragada pelo abismo das possibilidades. Assim que se torna consciente de seu padrão, a *puella* percebe que está encarcerada, que foi barrada precocemente em seu desenvolvimento. Dá-se conta de que também tem algo com que contribuir para o mundo, embora ainda não haja encontrado uma forma de fazê-lo. E como isso é frustrante: saber que se tem algo a contribuir e não ser capaz de fazê-lo! Esse é o "desespero-fraqueza". Essa tensão pode levar ao suicídio, a um recuo para dentro de si mesma, à adaptação ou à revolta. Mas pode também propiciar a transformação.

RUMO À TRANSFORMAÇÃO

O primeiro passo no caminho da transformação desse padrão é tomar consciência de que se está fora de contato com o *self*, é saber e sentir que existem mais dimensões no próprio íntimo, que existe um poder maior do que a força dos impulsos do ego com o qual ainda não se criou um vínculo e que, muitas vezes, se revela nos sonhos. Essa conscientização vem acompanhada do sofrimento e do segundo e necessário passo: o de aceitar esse sofrimento. Por fim, o último passo, e afinal o mais surpreendente de todos: a percepção de que, apesar de nossa fraqueza, temos em nosso interior também uma força, um acesso a esse poder superior. Segundo a análise de Kierkegaard, uma consciência mais elevada do desespero-fraqueza enseja a percepção de que permanecer na mesma é, de fato, uma forma de desafio, isto é, um consentimento que recusa aceitar a força já presente como potencialidade no nível do *self*.

A meu ver, o passo final é *aceitar* a força do *Self*. Essa aceitação implica conscientização e escolha, escolha essa que não deve ser confundida com a força de vontade do ego. Trata-se da escolha que acontece nos fundamentos mesmos de nosso ser, em favor de aceitar o poder do *Self*. Para Kierkegaard, esse é, em última instância, um ato de fé a exigir toda a força da receptividade.

Considerado pelo prisma psicológico, o primeiro passo do reconhecimento consciente possibilita a visualização do padrão. Dar conscientemente "nomes aos bois" é o primeiro passo no caminho da liberdade em relação à estrutura negativa. O conto de fadas intitulado "Rumpelstiltskin" mostra isso com clareza[10]. Nele, existe um pai pueril, um pobre moleiro, que para fazer-se de importante diz ao rei que tem uma linda filha capaz de fiar palha até torná-la ouro. O rei ordena que a moça seja submetida ao teste, mas ela não sabe como realizar a tarefa criada pela mente fantasiosa de seu pai, e por isso chora. Aparece então um homenzinho que se propõe a fazer aquele trabalho se ela lhe der algo em troca. Primeiro, ela promete um colar, e ele fia palha em ouro. Depois o rei

---

10. Irmãos Grimm, *The complete Grimm's fairy tales*, Nova York, Pantheon Books, 1972, p. 264-7.

quer mais ouro e ela promete um anel ao homenzinho, que de novo executa a tarefa. Pela terceira vez o rei exige que se fie palha em ouro e diz que, se ela cumprir a tarefa, se casará com ela. Mais uma vez vem o homenzinho e afirma que fará o que o rei pede, desde que ela lhe entregue seu primeiro filho. Uma vez que a moça acha que isso nunca acontecerá, e como se sente impotente, faz a promessa, e o homenzinho dá conta do recado. Assim, a moça se torna rainha e, no intervalo de um ano, tem um lindo filho. Apesar de ela ter esquecido sua promessa, o homenzinho não esqueceu e vem cobrar a dívida, da qual só a libertará se ela puder descobrir seu nome. Até aqui a estrutura é típica da *puella*: o pai pueril que, por causa de sua fraqueza e falta de transformação do possível em real, coloca a filha num mundo de possibilidades do qual ela não consegue dar conta; a sensação de impotência por parte da moça diante da situação; depois a promessa irreal a uma figura ou padrão interior limitante, que a ajuda no momento crítico, mas exige e tem o poder de destituí-la, afinal, de seu mais valioso bem. No conto de fadas, a moça descobre o nome do homem através de um mensageiro que enviou numa peregrinação pelo mundo para que indagasse em toda parte quantos nomes havia. Quando ela lhe diz que seu nome é Rumpelstiltskin, o homenzinho fica tão enfurecido por ter sido descoberto que bate com o pé no chão e não consegue mais tirá-lo do buraco; por isso se rasga em dois pedaços. Ao efetuar sua denominação, ela consegue conservar o filho, que simboliza sua verdadeira potencialidade, e despotencializar seu antigo e limitador complexo, simbolizado por Rumpelstiltskin. Da mesma forma, ao denominar o padrão que advém de um modo de reação ao desenvolvimento de um pai negligente, a pessoa pode afrouxar seu jugo e ter mais liberdade para conduzir sua vida com autenticidade. Denominar o padrão dá à *puella* a perspectiva e a distância de que necessita e o entendimento das razões pelas quais permaneceu fixada em seu desenvolvimento. Esse ato de denominar também exige uma busca ativa, simbolizada pelo mensageiro enviado para percorrer o mundo. Denominar é um processo ativo.

A tarefa seguinte, implícita na compreensão do desespero-fraqueza, é a aceitação consciente do sofrimento implicado na vida da *puella* até então; quer dizer, a aceitação de que esse sofrimento é, de fato, significativo. Parte do problema pueril é sentir a própria fraqueza e dependência, é ver-se como vítima. Se, porém, a pessoa se identifica como vítima, está de fato recusando a responsabilidade e agindo como uma mocinha inocente. Por isso, a verdadeira compreensão da fraqueza e a aceitação do sofrimento envolvem o confronto com a sombra, com aquela parte da pessoa que é negada. Junto com a doce inocência da menina existe a mais vil manipulação. A bonequinha queridinha e a despreocupada podem menosprezar os homens em segredo por eles serem facilmente seduzidos e manipulados pelos encantos femininos (por exemplo, "a mulher por trás de cada grande homem"). A desajustada manipula por meio de suas ameaças autodestrutivas e das projeções de poder nos outros, através das quais os faz cair em suas armadilhas. A menina de vidro faz com que os outros se sintam impotentes diante de sua fragilidade e suscetibilidade e, então, irão se sentir uns imbecis desajeitados, touros numa loja de porcelanas. A sombra da *puella* está vinculada ao poder, que ela não aceitou de fato, com responsabilidade. Muitas vezes, esse poder é assumido por uma outra figura na psique, um velho pervertido, figura mesquinha e de má índole como Rumpelstiltskin. Também ela precisa ser enfrentada. Parte da aceitação do sofrimento implica um combate com essa figura que, segundo meu modo de ver, é — num nível espiritual mais profundo — o mesmo que um confronto com o demônio. Quando há uma ferida grave na psique, as forças negativas assumem um caráter demoníaco e devem ser enfrentadas como tais. Pela análise de Kierkegaard, quando a pessoa toma consciência do próprio consentimento com a fraqueza ela, na verdade, está recusando-se como um desafio a aceitar a própria força, a aceitar a graça de Deus; percebe que a recusa em aceitar sua força é algo demoníaco, é um apego orgulhoso a sua força de ego. Faz parte da aceitação do sofrimento perceber que esteve nas mãos do demônio.

A questão final é aceitar a força que existe no interior da própria pessoa e apoderar-se dela, em vez de desistir e seguir os padrões pueris habituais de fuga, afastamento, adaptação ou rebelião. É claro que essa é a questão mais difícil para a *puella* — exatamente o que ela acha tão difícil de executar, entretanto, se já tomou consciência dos padrões negativos em que esteve emaranhada e se já tiver aceitado o sofrimento e a batalha com o demônio, passa a se envolver com a aceitação da força e do poder da conscientização e da escolha. Esse processo, no entanto, é gradual e talvez leve muito tempo — algo em torno de sete anos, como ilustra o conto de fadas intitulado "A virgem sem mão" — para neutralizar os efeitos diabólicos (desencadeados por uma paternidade inadequada) e para haver a união com o rei. A heroína desse conto teve de esperar pacientemente na floresta, sabendo que era isso que precisava fazer. Nesse sentido, a espera paciente e compreensiva parece ser a chave e a finalização do processo.

Ainda resta uma indagação: como se inicia o processo de transformação? Onde é que a *puella* encontra pela primeira vez a revelação de que há uma força em seu interior? A força está lá, mas ela deve se abrir para recebê-la. Tal revelação pode vir-lhe numa variedade de modos. Pode ser como um relacionamento, tal como aconteceu com Laura em *Zoológico de vidro* e com Maggie em *Depois da queda*, apesar de Maggie ter escolhido recusá-lo. Pode acontecer na forma de uma crise externa, provocada por um momento de encontro com a própria fraqueza (ou a própria força), tal como foi com Nora em *Casa de bonecas*. Talvez venha como crise interior, tal como se deu com Sabina em *A spy in the house of love*. Ou como um acontecimento sincrônico, como com Cabíria ao encontrar aquele grupo de cantores em *Noites de Cabíria*. Uma outra possibilidade para a força se mostrar é através de uma imagem onírica que pode ser conservada e com a qual se pode travar um diálogo de aprofundamento através da imaginação ativa. Quem sabe aconteça como emoção poderosa, acesso de raiva, uma luta na qual a pessoa se dê conta de sua força. As oportunidades estão por toda parte. Portanto, o segredo é estar atenta e aberta a elas.

Em última análise, o que se exige de uma *puella* em seu processo de autotransformação é que renuncie a seu apego à dependência, à inocência e à impotência infantis e que aceite a força que já está ali: que realmente se valorize. Se ela aceitar sua força e poder, sua inocência de menina irá se manifestar como elã jovial e feminino, como vigor, como espontaneidade e abertura a novas experiências que possibilitem um relacionamento criativo e produtivo.

CAPÍTULO 4

A AMAZONA DE COURAÇA

Consideradas inócuas, algumas mulheres são levadas ao ponto do frenesi.
Tentam ficar feias macaqueando o jeito dos homens
E conseguem. Xingam, fumam charuto, queimam as cobertas com cinzas de cigarro,
Bebem de um só trago, olhos injetados, sem qualquer vestígio de vaidade
Na esperança da glória: ela escreve como um homem!

Carolyn Kizer

A cultura das amazonas, segundo a lenda, desvalorizou os homens ao eliminá-los de todas as posições de comando. Era comum fazê-los escravos e usá-los como meio impessoal de procriação. Assim, tiraram de cena a figura do pai como elemento pessoal, mantendo-o anônimo. As filhas eram em geral exaltadas, enquanto os filhos eram mutilados e usados para serviços domésticos. Dessa forma, as figuras masculinas eram despotencializadas tanto física como socialmente. Os homens não eram necessários nessa sociedade porque as amazonas assumiram todas as funções masculinas. Tinham a reputação de serem conquistadoras e caçadoras, guerreiras selvagens e corajosas, e montavam em seus cavalos com toda a audácia. Treinavam suas filhas para seguirem o mesmo padrão. Segundo a lenda, removiam o seio direito para que pudessem manusear o arco e a flecha com mais eficiência. Segundo alguns autores, as amazonas eram filhas de Ares, o deus da guerra e da agressividade e, portanto, tinham essa postura bélica na vida e se viam como "guerreiras".

A figura da amazona pode ser uma expressão mitológica do modo como muitas mulheres conduzem suas vidas, numa identificação inconsciente com o masculino. Se a mulher teve um pai negligente ou irresponsável, ou seja, não presente emocionalmente para sua filha, um dos padrões que costuma emergir é o da reação contra ele. Nesses casos, é provável que a filha rejeite o pai (e até mesmo os homens em geral) em nível consciente, pois a experiência lhe revela que ele não é confiável. Quando ocorre essa reação psicológica, a tendência é a identificação inconsciente com o princípio masculino. Em oposição à mulher cujo princípio de identificação egóica é a menina desamparada — a *puella*, o padrão pueril —, a amazona se identifica com a força e o poder masculinos.

Da mesma forma, se os representantes culturais do princípio paterno foram irresponsáveis quanto à valorização do feminino, parece inevitável uma reação contra essa autoridade irresponsável. Parece que esse é o padrão vigente em nossa cultura contemporânea.

A amazona moderna foi descrita por June Singer em seu livro *Androgyny* (Androginia) da seguinte maneira:

> "A amazona é a mulher que assumiu características em geral associadas à disposição masculina, mas, em lugar de integrar os aspectos 'masculinos' que poderiam fortalecê-la *como mulher*, ela se identifica com o poder do 'masculino'. Ao mesmo tempo, renuncia à capacidade de se relacionar de modo amoroso, qualidade que tradicionalmente é vinculada ao feminino... de tal sorte que a amazona que

assumiu o poder, na medida em que nega a capacidade de relacionar-se amorosamente com outros seres humanos, torna-se unilateral e, por conseguinte, é a vítima do próprio atributo que tentou suplantar"[1].

Muitas vezes a mulher que assumiu uma identidade masculina em reação a um pai irresponsável isola-se da vida por causa de sua necessidade de poder, de sua proteção autodefensiva em relação ao que não pode controlar. Na realidade, está presa por uma "couraça de amazona", uma persona poderosa que talvez não corresponda a sua personalidade básica na medida em que se constelou a partir de uma reação, e não de seu cerne feminino. Com muita freqüência está distante de seus sentimentos e de sua receptividade, bem como da força de seus instintos femininos.

Nosso tempo viu surgir uma reação feminina contra "Os Pais", reação essa dirigida contra a posição coletiva de autoridade masculina. Assistimos ainda à afirmação amazônica de mulheres de um modo que talvez tenha sido o mais potente que já emergiu na história. A autoridade masculina coletiva desvalorizou o feminino a tal ponto que mal consegue funcionar como espírito responsável e relacionado; em vez disso, tem sido irracional e unilateral em sua rígida visão do feminino. A autoridade masculina coletiva tem funcionado como um pai negligente diante do feminino. O esforço conjunto das mulheres para modificar essa situação cultural, para lutar e para compreender o significado de sua existência como feminina, tem sido um dos principais eventos conscientizadores tanto para homens como para mulheres. Contudo, tem havido uma tendência para a identificação e a imitação do masculino. Isso nega as diferenças entre homens e mulheres. Quando as mulheres esperam alcançar as vitórias dos homens sendo como eles, a singularidade do feminino sofre uma sutil desvalorização, pois existe um pressuposto subjacente de que o masculino é mais poderoso. Essa espécie de reação por parte das mulheres é compreensível, pois o universo feminino foi

---

1. June Singer, *Androgyny*, Nova York, Anchor Books, 1977, p. 61.

desvalorizado em nossa cultura. Contudo, em última instância, o verdadeiro desafio não é aprender a valorizar o que é peculiarmente feminino?

Já em 1904, Rilke descrevia esse desafio em toda a sua plenitude em *Cartas a um jovem poeta*:

"A menina e a mulher, quando jovens, em seu devir feminino, não serão senão temporariamente imitadoras dos modos masculinos, bons ou maus, e repetidoras das profissões masculinas. Após a incerteza dessas transições, tornar-se-á evidente que as mulheres só estavam atravessando a profusão e as vicissitudes desses (em geral ridículos) disfarces a fim de depurar sua própria natureza mais característica das distorcidas influências do outro sexo. As mulheres em quem a vida subsiste e se estende de modo mais imediato, frutífero e confiante, devem com certeza tornar-se pessoas fundamentalmente mais maduras, mais humanas, do que o homem despreocupado que não sofre a atração do peso de fruto algum de seu corpo, logo abaixo da superfície da vida, e que, presunçoso e apressado, desvaloriza o que pensa que ama. A humanidade da mulher, oriunda em sua essência do sofrimento e da humilhação, virá à luz quando ela houver se desvencilhado das convenções da mera feminilidade nas mutações de seu *status* externo; e os homens que ainda não a sentem aproximando-se hoje ficarão surpresos e chocados com ela. Algum dia... algum dia haverá meninas e mulheres cujos nomes já não significarão apenas o oposto do masculino, e sim algo em si próprio, algo que leve as pessoas a pensar não em alguma forma de complemento e de limite, mas somente na vida e na existência: o ser humano feminino"[2].

A meu ver, a reação "amazônica" contra o pai irresponsável e descomprometido tanto cultural como pessoalmente pode ser uma fase necessária ao desenvolvimento cultural e também pessoal. Mas, assim como Rilke, penso que seja somente um passo no caminho do desenvolvimento feminino. Neste capítulo, pretendo investigar algumas modalidades de existência da reação amazônica diante do pai negligente, ou seja, as "couraças de amazona" que protegem a mulher do pai irresponsável; pretendo também verificar a possibilidade

---

2. Rainer Maria Rilke, *Letters to a young poet*, trad. M. D. Herter Norton, Nova York, W. W. Norton and Co., 1963, p. 58-9.

de uma transformação para além do aspecto reativo, na direção de um feminino autêntico e ativo. Novamente quero enfatizar que não as entendo como "tipos" ou categorias dentro das quais as mulheres se enquadram com perfeição[3]. Proponho-as como descrições fenomenológicas de alguns modos diferentes de comportamento, passíveis de se manifestar na vida das mulheres como resultado de uma reação ao pai negligente.

1. A *SUPERSTAR*

Talvez um dos modos mais freqüentes de reagir a um pai irresponsável seja fazer o que ele não fez nos setores de trabalho e realizações. A sensação de identidade e de relação com o trabalho que o pai não forneceu é então atingida pela própria filha. Mas a tendência a compensar a falta paterna em geral leva a excessos no trabalho e na vontade de realizar, configurando assim o padrão atualmente bastante conhecido das viciadas em trabalho (*workaholic**). O que mais acontece é a mulher ficar seca, distante de seus sentimentos e recursos instintivos, do que muitas vezes resulta uma depressão, uma perda de seu sentido de vida, pois que, em última análise, a identificação somente com o trabalho não basta.

O livro *The bell jar* (O som da campainha), de Sylvia Plath, revela esse tipo de existência ao lado de seus aspectos prejudiciais. Esther Greenwood, a protagonista moldada segundo as experiências pessoais da própria autora, sempre foi uma estudante excelente, tirando notas máximas em física apesar de detestar essa matéria, forçando-se a ter sucesso independente do que sentia. Encontramo-la no momento em que acaba de conquistar, através da participação num con-

---
3. Meu enfoque aqui difere do de Toni Wolff, quando descreve a "amazona" como um tipo. Ver a discussão de Ulanov a respeito em *The feminine*, cit., p. 205-7.

* Nota da Tradutora: termo recente, composto das palavras *work* (trabalho) e *alcoholic* (alcoólatra), para designar as pessoas obcecadas com a realização profissional e o sucesso "executivo".

curso de redação, um trabalho temporário especial, de um mês de duração, com salário integral, numa destacada revista de moda de Nova York. Esther e as outras vencedoras foram hospedadas num hotel especial para mulheres chamado "A Amazona", onde havia basicamente moças ricas. Esther vem de um ambiente pobre, pois seu pai havia morrido quando ela estava com 9 anos. Embora saiba que todos pensam que está passando pela melhor época de sua vida, desfrutando todos os sucessos, na verdade está entediada e deprimida. Eis o que está se passando por sua cabeça:

> "Olhem o que pode acontecer neste país, diriam. A menina vive numa cidadezinha qualquer durante dezenove anos, é tão pobre que não tem dinheiro para comprar uma revista, e de repente ganha uma bolsa de estudos para a faculdade. Recebe um prêmio aqui, um ali e acaba controlando Nova York, como se fosse seu próprio carro. Só que eu não estava dirigindo coisa alguma, nem mesmo eu. Só ia de um lugar para outro, do hotel para o trabalho, do trabalho para festas, das festas para o hotel e na manhã seguinte de volta para o trabalho como um ônibus circular. Acho que devo ter-me entusiasmado quase o tempo todo, como a maioria das outras, mas não conseguia reagir. Sentia-me muito parada e vazia, da mesma forma que deve ser no olho do furacão, movimentando-me por inércia em meio ao torvelinho circundante"[4].

Por trás de todas as conquistas profissionais de Esther está uma profunda depressão. Seja lá o que faça e alcance, em última análise não dá nenhum sentido a sua vida. Para sobreviver nessa situação, ela desenvolve um senso de humor cínico que coisifica e caricaturiza com sagacidade todo mundo que conhece. Da mesma forma como seu humor cínico é uma defesa contra seus sentimentos, seu relacionamento com os homens está sempre montado na distância de espectadora. Seus vínculos com os homens não são pessoais, mas sim coisificados: ela faz com que se sintam sempre "penetras". Por exemplo, coleciona homens com nomes interessantes. Atrás dessa atitude de frieza, porém, está o medo da rejeição. Co-

---

4. Sylvia Plath, *The bell jar*, Nova York, Bantam Books, 1972, p. 2.

mo ela diz: "Se você nunca esperar nada dos outros, não se decepcionará jamais"[5]. Basicamente, sua experiência com os homens tem sido a do abandono, primeiro por causa da morte de seu pai e, depois, através de uma série de relacionamentos impessoais. Sua percepção imediata em relação aos homens é a de que são "odiadores de mulheres". Relata o seguinte:

> "Comecei a ver por que os odiadores de mulheres faziam-nas de bobas. Eles são como deuses: invulneráveis e tremendamente poderosos. Desceram à terra e desapareceram. Nunca se consegue caçar um"[6].

Como o pai que a abandonou ao morrer, os odiadores de mulheres são totalmente imprevisíveis e não-confiáveis.

Ao voltar para sua cidade natal, Esther tem pela frente um longo verão e nada para fazer, porque, pela primeira vez, não conseguiu vencer. Seu pedido de inscrição num curso de redação foi rejeitado. Sua depressão e sua inércia aumentam, pois agora nada tem para fazer. Primeiro tenta evitar o vazio de sua vida dormindo. Depois, até o sono a abandona e ela se vê condenada à insônia e a fantasias de suicídio. A única saída para seu dilema é tentar se matar, mas a tentativa fracassa. Sem o apoio do pai e ao lado de uma mãe amarga, a impessoalidade de sua vida e de seus relacionamentos cresce a um ponto tal que, por fim, ela se sente presa num ambiente de atmosfera rarefeita como o de uma "redoma". Como afirma: "para a pessoa na redoma, vazia e imobilizada como um bebê morto, o próprio mundo é o pesadelo"[7].

Enviada para uma clínica, Esther tem a sorte de trabalhar com uma terapeuta cordial e compreensiva. No relacionamento terapêutico, ela finalmente encontra, na outra mulher, aquilo que nunca recebera de seu pai ou de sua mãe: ternura e compreensão. Enfim, por meio desse vínculo, Esther encontra a aceitação, a força e a coragem para novamente en-

---
5. Ibid., p. 48.
6. Ibid., p. 88.
7. Ibid., p. 193.

frentar o mundo, não com absoluta certeza, mas, como diz, com "interrogações", com indagações que, apesar de não lhe fornecerem um controle absoluto, nem onipotência, sem dúvida oferecem-lhe a possibilidade de viver uma vida significativa.

Nesse padrão em particular existe um pai que não agiu como tal, devido à sua morte precoce, e uma mãe que assumiu a posição masculina de uma amazona, trabalhando e martirizando-se. Dessa forma, a única influência masculina que recebeu veio na forma de uma mãe que negava todos os sentimentos, que não chegou sequer a se enlutar pela morte do marido. Tampouco Esther chorou e lamentou a morte do pai, embora, depois de certo tempo, tenha ido em busca de seu túmulo, lá sofrendo e chorando a perda, sob uma chuva fria e salgada. É depois desse episódio que tenta o suicídio, uma solução terrível e que, não obstante, a leva à clínica onde finalmente encontra ajuda. Em nenhum outro lugar Esther encontrou antes a aceitação para ser apenas ela mesma. Sua estratégia de sobrevivência tinha sido desenvolver seu lado masculino e recolher uma identidade a partir dos resultados de suas conquistas profissionais, mas sua sensação feminina com respeito a si mesma e aos outros fora deixada de lado, isolando-a deste modo de seu próprio significado e existência como mulher.

É muito freqüente que, na ausência de um pai, a mãe assuma o papel masculino e a filha não só se ressinta da ausência do modelo masculino autêntico como também não tenha em sua mãe o modelo feminino. Essa era a saga de Esther. Como aconteceu nesse caso, parece-me que a ajuda inicial vem, no mais das vezes, de uma mulher que tenha integrado os princípios masculino e feminino em si mesma. Quando não existe a experiência concreta com o pai, parece provável que a ponte fornecida pela sabedoria de uma mulher seja o elo de auxílio mais acessível.

O que realmente precisa ser aqui integrado é o princípio feminino, já que ficou relegado a uma posição subdesenvolvida. Claro que a exagerada compensação na área profissional e das realizações também elimina de cena o aspecto espiritual da masculinidade. Contudo, para entrar em contato com este, é preciso que antes aconteça o retorno aos sentimentos e aos instintos femininos. Não que o trabalho e as realizações não sejam importantes, mas, para a verdadeira satisfação pessoal, devem provir do cerne mesmo da pessoa total, e não de uma parcela fragmentada de sua personalidade. Ao se religar com o feminino, o trabalho pode assentar em bases adequadas. O movimento feminino contemporâneo percorreu um caminho bastante semelhante ao de Esther. Diante da constatação de que os homens não souberam respeitar seu valor e sua potencialidade singulares, muitas mulheres reagiram de maneira compreensiva por meio de uma afirmação de si mesmas e de uma rejeição dos outros. No entanto, o modelo latente de expressão pessoal de que dispunham era, principalmente, o masculino e, por isso, parecem tantas vezes meras imitadoras dos homens. A questão crucial é perceber o valor que tem a religação com o feminino, compreendendo o que é essencial para ser mulher e valorizando esse dado. Não se trata de uma forma de evitar o trabalho implícito em atualizar o potencial feminino, mas, sim, implica a conexão com as raízes da feminilidade capazes de estruturar esse potencial de modo que possa vir à tona em toda sua peculiaridade.

As *superstars* geralmente aparecem para análise por estarem exaustas de tanto trabalhar, em busca de relacionamentos. É muito freqüente sentirem que os homens têm medo delas porque chegaram tão alto e são tão competentes. É também comum que compensem a presença de pais fracos, incapazes eles mesmos de realizações em nível equivalente. Suspeito de que essas mulheres tenham se tornado "filhos" para seus pais, que então poderão dar asas ao desejo de viver indiretamente seus próprios potenciais não atualizados.

Certa mulher, vivendo esse padrão, teve um sonho, durante sua análise, em que tinha comprado um pesado casaco de inverno de um inspetor acadêmico que a havia enganado. Esse casaco tornara-se sua couraça de amazona, e, no sonho, uma analista lhe manda tirá-lo e se arriscar a voar. Deu-se conta de que muitas de suas realizações eram compensações por relacionamentos, e se sentiu enganada, tendo de trabalhar o tempo todo em vez de se sentir livre para brincar e existir, modalidade esta que lhe havia sido negada quando ainda era criança. Outra profissional de sucesso com quem trabalhei teve muitos sonhos nos quais gritava de raiva para homens fracos e impotentes que tinham um certo controle sobre sua pessoa, tal como seu pai havia feito em resposta a sua própria ineficácia, mobilizado por suas projeções inconscientes. Também ela era uma pessoa exageradamente voltada para o sucesso através de realizações profissionais, compensando um pai deprimido e ineficiente e uma mãe que, embora inconscientemente ambiciosa, não era ela mesma uma empreendedora assumida. Mais tarde, essa mulher teve outros sonhos com homens brincalhões e com crianças, até que por fim trouxe à luz seu lado mais leve e pôde expressá-lo com as outras pessoas.

2. A FILHA CONSCIENCIOSA

Outro exemplo da reação amazônica está ilustrado no filme de Ingmar Bergman *Face a face**. Jenny, a protagonista, é uma profissional; é psiquiatra e, como tal, disciplinada, capaz, responsável e bem-ajustada. É casada com um talentoso colega, tem uma filha, e sua vida parece deslizar por um curso confortável e previsivelmente bem-sucedido. Contudo, de repente, tem um colapso e se encontra em um hospital após uma tentativa de suicídio. O filme concentra-se no confronto de Jenny com uma série de alucinações e sonhos que a levam de volta ao passado e a fazem penetrar num domínio que sua adaptação racional até então havia negado.

No começo do filme, Jenny é desafiada por uma de suas pacientes, que a acusa de ser incapaz de amar, de manifestar sua vulnerabilidade e de utilizar sua persona de psiquiatra co-

---
* Nota do Editor: *Ansiktet mot Ansiktet*, 1976.

mo meio de exercer seu poder e controle. Esse confronto é o ambiente inicial de uma série posterior de confrontos que emergem do inconsciente de Jenny. Quando isso acontece, ela está passando uma temporada de dois meses com os avós, pois seu marido e sua filha estão viajando. De volta ao local que a viu crescer, suas recordações começam a inundá-la e, incidindo sobre um estado de excesso de trabalho e exaustão, suas lembranças e sonhos passam a invadir e imiscuir-se em sua bem organizada existência. A principal imagem recorrente é a de uma velha assustada, vestida de preto ou cinza, com um dos olhos arrancado de sua órbita, que fica então vazia e insistente. Essa imagem simboliza o complexo de dever cego e insistente que assumiu o controle da vida de Jenny. Quando criança, ela havia sido muito próxima de seu pai, com quem tivera uma relação bastante carinhosa, apesar de ele ser alcoólatra. Sua mãe e sua avó criticavam e desprezavam seu pai e, por fim, Jenny acabou ficando embaraçada com os abraços e os beijos que ele lhe dava. De um dia para o outro, então, seus pais morreram num desastre aéreo. Ela foi morar com a avó, que mandava com pulso de ferro: sem choro, sem suavidade, sem fraquezas, sem preguiça, sem prazer. Somente dever, disciplina e controle tinham valor. Jenny empenhouse, em nível de sua adaptação de ego, para se tornar, primeiro, a boa filha e, mais tarde, a mulher adulta conscienciosa, responsável e confiável. Obedecia à projeção oriunda de sua avó, mas, no fundo, jazia a criança inibida e paralisada.

À medida que suas alucinações vão seguindo seu curso, Jenny se vê diante das pessoas em sua psique que havia cuidadosamente socado para o "fundo do baú". Em sua última alucinação, encontra-se trajando um vestido vermelho, deitada num caixão, morta mas viva. Tenta lutar para sair dali e uma ponta de seu vestido vermelho aparece fora do caixão. No entanto, o padre pega uma tesoura de sua avó e com cuidado apara o pedaço do vestido para que nada seja visto e fecha a tampa, tirando Jenny e seu vestido vermelho da cena. Em sinal de protesto, Jenny ateia fogo ao caixão; há o vislumbre do vestido vermelho e de alguém dentro do ataúde lutando e, depois, tudo pega fogo.

Ali estava uma imagem de todos os sentimentos e as paixões que Jenny havia trancafiado em seu interior, "posto no fundo do baú-caixão", e que agora estavam lutando para vir à tona e viver. O padre com a tesoura de sua avó é o símbolo das antigas forças do dever, do controle e da adequação, que tentam eliminar os sentimentos e a paixão de Jenny, simbolizados pelo vestido vermelho. Todavia, o resultado é uma chama enorme, um fogo apaixonado que não pode ser apagado.

É depois dessa alucinação que Jenny finalmente sai do colapso e tenta o suicídio, inundada por seus novos planos de compreensão. Constata como suas tentativas de controle sufocaram sua vida. Percebe então que, por força de sua incapacidade de deixar as coisas acontecerem soltas, a alegria se esvaiu de tudo, até mesmo a alegria por sua filha, a quem não é capaz de amar. No final, tal como com Esther no exemplo anterior, restam-nos interrogações. O colapso já foi superado e sucederam mais instantes de entendimento e uma intensificação da vida, mas Jenny ainda permanece no limiar da vida; é preciso que entre de vez nela para poder se abrir a si e a outras pessoas. Parece-me que o final proposto por Bergman para seu filme deixa uma esperança, na medida em que Jenny, ao voltar para a casa de sua avó, percebe que esta sofre e está velha e que "de algum modo vovó ficou menor, não muito, mas o suficiente para se notar"[8]. Simbolicamente, isso sugere que a influência negativa vinda da avó diminuiu de forma perceptível. De repente, Jenny sente por ela um afeto sincero. Ao final do filme, Jenny encontra de novo a velha sarcástica de órbita vazia mas, desta feita, a acolhe por ter talvez compreendido e sentido a piedade necessária para transmutar a figura negativa e sarcástica que vivia em seu interior.

A questão principal para as mulheres que caíram no padrão da "filha consciensiosa" é perceber que o padrão de dever lhes foi imposto por outra pessoa. Para elas é importante

---

8. Ingmar Bergman, *Face to face*, trad. A. Blair, Nova York, Pantheon Books, 1976, p. 115.

que se dêem conta de que essa imagem foi projetada e que não é sua de fato. Embora a imagem da filha consciensiosa crie a ilusão de bondade e virtude, também nega a sombra e toda a sua vida e criatividade. Nega uma expressiva parte da personalidade e, em última análise, o vínculo com o *Self*. Não é de admirar que tantas vezes aconteça a exaustão, a aridez e a ausência de significado. Por isso, essas mulheres costumam viver por trás de uma persona, moldada por uma imagem que na verdade não é a sua e que está limitada ao dever e, muitas vezes, também a uma estrutura autoritária bastante estrita. Historicamente, podemos encontrar um exemplo dessa situação em certas freiras treinadas para serem obedientes filhas da Madre Superiora que, por sua vez, curva-se diante de um sistema autoritário rígido. Segundo esse sistema, seus corpos devem ser ocultados. As freiras tradicionais vestem-se de um modo tal que seus hábitos funcionam como armaduras a ocultar-lhes a feminilidade e a protegê-las dos homens e das tentações do mundo. Como me contou uma freira: "Agora tenho a tarefa de desencouraçar a amazona". Desencouraçar ou descartar a persona implica abrir-se e exibir os próprios lados mais sombrios e fracos, que foram suprimidos ou reprimidos pela obediência a uma autoridade forte e rígida. Esse processo determina a perda do controle estipulado pela obediência e envolve uma certa margem de perigo, pois a dimensão anteriormente negada é subdesenvolvida e primitiva. Se esse processo de abertura não acontece em nível consciente, porém, pode emergir de uma hora para outra, do modo como Jenny viveu seu colapso.

A filha consciensiosa geralmente se encontra a serviço de outrem, em detrimento de suas próprias possibilidades criativas e/ou de estabelecer relações. Certa mulher que conheci, e que vivia esse modelo da filha consciensiosa, tinha um pai que a desestimulava de seguir sua carreira profissional. A seu ver, as mulheres poderiam ser assistentes, mas não médicas, advogadas, professoras etc. Por isso, sua filha só tinha ido até esse ponto, e depois interrompera os estudos. No entanto, ela desejava tornar-se uma profissional "de verdade". Alimentava também uma fantasia secreta na qual entrava num convento e afinal lhe pediam que entregasse seus jornais e que cortasse o cabelo todo. Parece-me que essa fantasia correspondia aos sacrifícios exigidos por seu pai para que pudesse receber seu amor, ou seja, o sacrifício de sua própria energia criativa. Teve então um sonho. Nele era casada com um rei e estava esperando um filho. Mas o rei (que para ela simbolizava seu pai) não queria que ela desse à luz, porque o bebê poderia atrapalhar a linhagem. Então colocou-a na prisão. Para fugir dali, ela matou uma freira e vestiu seu hábito para que não a reconhecessem. De certa forma, aquela mulher estava protegida pelas vestes da freira porque seu potencial criativo estava oculto. Quando estudante, achava que tinha de agradar os professores, encenando mais uma vez o papel da filha consciente. Porém sabia que teria de abandoná-los um dia para seguir seu próprio caminho. Por isso, viveu sob o peso de uma culpa incessante, dirigida aos professores, porque sabia que teria de deixá-los e ir adiante sozinha da mesma forma que precisava deixar as projeções que seu pai havia feito para ela. Tinha culpa por si mesma também porque não estava ainda indo embora. Dessa forma, sua única saída era entrar em reclusão, isto é, vestir as roupas da freira, mas, depois de bastante trabalho consigo mesma, começou a ter sonhos onde vencia. Num deles, uma mulher grávida ganhou o Derby de Kentucky. Para ela, esse sonho era uma imagem que reconhecia e admitia seu próprio potencial criativo.

3. A MÁRTIR

A mulher petrificada no modelo de mártir é outra possibilidade de concretização da amazona de couraça. O estilo de vida é marcado pela limitação e pelo ressentimento passivo, geralmente encoberto por uma fisionomia marcada por prolongados sofrimentos. O filme de Fellini, *Julieta dos espíritos**, mostra as lutas desse tipo de mulher. Julieta, chamada

---
* Nota do Editor: *Giulietta dei spiriti*, 1965.

de "rostinho triste", vive um casamento convencional, desvitalizado. Seu marido está cansado, emocionalmente distante, lhe é infiel, e Julieta tenta ignorar tais fatos e parecer uma esposa contente. O primeiro choque de verdade a respeito de sua vida acontece quando vai a uma sessão espírita e recebe a seguinte mensagem: "Ninguém precisa de você; você não é nada para ninguém". Ela tenta ignorar isso, mas as lembranças de sua infância começam a tomá-la de assalto. Ali estão as maravilhosas imagens que guardou de criança, mas também as recordações de seu pai e de sua mãe: esta, friamente elegante, indiferente; aquele, um fascistóide. Os dois a enviaram a uma escola paroquial onde fazia o papel de mártir numa peça encenada pelos alunos. Quando retorna a imagem de seu personagem de mártir prestes a ser incinerada numa fogueira, Julieta se lembra dos protestos de seu avô, homem cheio de energia e anticonvencional que, um dia, fugiu com uma artista de circo. Na vida adulta, Julieta ainda faz o papel da santa martirizada em seu casamento, guardando silêncio, jamais enfrentando o marido, suprimindo tanto a raiva como a alegria e, com essas emoções, sua sexualidade.

A crise advém quando Julieta descobre sem sombra de dúvida que seu marido está tendo um romance com outra mulher. Sonhos, visões e fantasias acorrem-lhe com impacto e velocidade. Uma figura central em seus sonhos e visões é uma mulher nua e sensual, muito parecida com a artista de circo que seu avô tinha amado. Sincronicamente, encontra sua vizinha, Suzy, uma mulher livre e sensual que se deleita com um estilo dionisíaco de vida. Suzy convence Julieta a viver o mundo do prazer e das diversões. No entanto, embora vá a uma das festas de Suzy e comece a participar desse mundo de sensualidade, a imagem da mártir se intromete e por isso ela abandona a situação. A adaptação consciente de ego em Julieta continua a desintegrar-se; ainda assim, mais imagens oriundas do inconsciente invadem sua vida: invasores turcos morrendo de fome; cavalos exaustos, emaciados; uma mártir prestes a virar prostituta. Nesse ínterim, Julieta procura um psicodramatista que lhe diz que ela se identifica demais com seus problemas (síndrome típica dos mártires) e que precisa ser mais espontânea e descontraída. Quando Julieta percebe que tem medo de ser feliz e que seu casamento é, na verdade, uma prisão, seus sentimentos de inveja, agressividade e vingança começam a emergir. Chora e tem a tentação de suicidar-se. Contudo, junto com esses sentimentos negativos, acorrem-lhe muitas possibilidades diferentes. Ao lado da raiva vem a auto-afirmação, e, numa imaginativa fantasia, Julieta diz para sua mãe imensa, fria e distante que ela não a assusta mais. Enquanto faz isso, uma porta se abre e Julieta liberta a criança-mártir e, junto com esse fato, desaparecem sua mãe rejeitadora e todas as figuras torturadas; seu avô entra e acolhe a criança. Agora que o elo de martírio está rompido e que o espírito infantil foi libertado, Julieta está livre para sair da prisão de seu lar, respirar ar puro e abrir-se para o que vier.

À semelhança de muitas mulheres aprisionadas pela estrutura de mártir, Julieta foi possessiva em seu casamento, mas sempre viveu à sombra do marido. Devido à adaptação martirizada, vê-se constrita pela limitação dos valores coletivos que inibem sua individualidade e sua singular beleza feminina. Quando escreveu sobre esse filme, Fellini disse que sua intenção "era recuperar para a mulher sua verdadeira independência, sua dignidade indisputável e inalienável. Um homem livre, quero dizer, não prescinde de uma mulher livre. A esposa não deve ser a Virgem Maria nem um instrumento de prazer, menos ainda a serva"[9].

Um dos principais aspectos do estilo de vida da mártir é ser uma escrava trabalhadora, como esposa, mãe, ou em am-

---

9. Federico Fellini, *Juliet of the spirits*, trad. H. Greenfeld, Nova York, Ballantine Books, 1966, p. 62. Fellini contrasta a autêntica independência feminina com a masculinização da mulher. Diz: "A masculinização da mulher é uma das coisas mais horríveis que pode acontecer. Não, a mulher não deve emancipar-se por imitação — o que seria um desenvolvimento no âmbito da projeção daquela famosa sombra masculina —, mas sim descobrir sua própria realidade, uma realidade diferente. Diferente, me parece, da do homem, mas profundamente complementar e integrada àquela. Seria um passo na direção de uma humanidade mais feliz" (p. 62).

bos os domínios. O padrão mãe-mártir aparece, em geral, quando a filha ouviu a mãe criticar e menosprezar o pai continuamente, tachando-o de fraco e negligente. Se o pai não se opôs a isso com empenho, é comum que a filha assuma a atitude materna, consciente ou inconscientemente. Jung dá muitos exemplos disso em seus estudos com a associação de palavras, como o caso da filha de 16 anos que tinha diante dos homens as mesmas reações de sua mãe, embora não tivesse passado pelas mesmas experiências que ela[10]. Quando, mais tarde, essa filha se casar, escolherá um homem fraco e passivo e transmitirá a mesma atitude para sua própria filha, dando assim continuidade ao padrão. Esse tipo de mulher entra no papel de mãe diante do marido, que, então, fica reduzido ao *status* de filho. Alexander Lowen descreve esse padrão em seu livro *Amor e orgasmo* e diz que a autonegação é o traço principal dessa estrutura de personalidade, do qual decorre a postura martirizada. Esse autor aponta no papel de mãe-mártir um aspecto masoquista passivo-submisso que encobre um sentimento de superioridade, hostilidade e desprezo pelo homem. A mulher domina o homem com seu martírio e o coloca na posição inferior de filho. Na prática, consegue essa relação sendo por demais provedora e alimentadora (a "mãe judia") e/ou sendo aquela que disciplina as crianças. Principalmente nesse caso, o pai não toma qualquer decisão familiar importante, mesmo que seja um bem-sucedido chefe de família. Segundo Lowen, ao lado da mártir vem uma abordagem sexual do marido que o emascula[11].

É comum a esse padrão a estóica autonegação que aparece, no mais das vezes, nas áreas da sexualidade e da criatividade. A meu ver, isso provém de um medo do dionisíaco, do temor de se permitir perder o controle, de entrar em experiências irracionais e, por correspondência, nas transracionais,

---
10. C. G. Jung, *The collected works*, trad. R. F. C. Hull, Princeton, Princeton University Press, 1973, v. 2, p. 469 e s.
11. Alexander Lowen, *Love and orgasm*, Nova York, New American Library, 1965, p. 285.

ou seja, naquelas vivências que transcendem o controle egóico, como o amor, a esperança e a beleza. O medo afasta esse tipo de mulher da alegria e da exuberância da vida, aliena-a de sua própria criatividade e de sua visão especial de mundo. Os freqüentes casos de mulheres que, na casa dos trinta, subitamente se envolvem em romances extraconjugais ou na promiscuidade podem ser uma tentativa inconsciente de romper com esse martírio auto-imposto. Mas, uma vez que em geral esse significado lhes permanece inconsciente, sendo talvez até vivido na dimensão sombria de sua dupla personalidade, não acontece a transformação. Essa mulher precisaria se permitir entrar conscientemente no fluxo das experiências que incluem tanto a sexualidade como os impulsos criativos, reconhecendo-os, aceitando-os e formando-os. Como no caso de Julieta, podem ser a raiva e a ira os desencadeantes dessa descontração. A mártir precisa ficar zangada com sua própria autonegação e reconhecer que o lado sombra dessa postura forte e virtuosa é a "pária", a desajustada que se sente uma vítima rejeitada e quer que sintam pena dela. O martírio é, na verdade, uma espécie de reação de defesa contra o fluxo das experiências; ela quer que a reconheçam e se apiedem dela por sua autonegação, fazendo um jogo com o sentimento de culpa dos que a cercam.

Muitas mulheres-mártires vêm para análise e, de alguma forma, sinto que existe um martírio interno que procede da submissão à cultura patriarcal. Apesar de isso ter aspectos do padrão pueril passivo, o que encontro é uma dimensão dura e poderosa que castra a própria mulher e os que fazem parte de sua vida. Um exemplo típico foi o de uma mulher casada cujos filhos adolescentes usaram drogas e tiveram problemas com a polícia. Ela havia crescido numa família rica e aristocrática; seu pai tinha sido um homem patriarcal, dominador e mantinha o controle do dinheiro todo. Nesses casos, o mais comum é o pai ser emocionalmente ausente, incapaz de funcionar como modelo de independência para a filha. Essa mulher tinha um marido semelhante ao próprio pai: ausente como força emocional na família, mas financeiramente no controle. Por um lado, ela era muito inteligente e lutava para se desenvolver em oposição à dominação do marido. Por outro, sentia-se sobrecarregada de tantas responsabilidades, e sua reação mais comum era a histeria, ameaçando suicidar-se, dizendo que não agüentava mais. Suas agressões dirigiam-se em nível externo contra ela mesma, contudo, sub-repticiamente, contra os filhos e o marido. Embora este desse a impressão de ser forte e ameaçador, também se sentia fraco e ameaçado. Os filhos pareciam estar dando vazão dramática a todos os conflitos da família: um foi preso, outro tornou-se bom aluno, outro saiu de casa. Por fim, essa mulher teve de se afirmar como pessoa e saiu daquele casamento em que se sentia como vítima. Assim que assumiu uma responsabilidade ativa por sua própria força, em vez de usá-la de forma defensiva contra si e os outros, pôde concretizar suas energias criativas.

4. A RAINHA GUERREIRA

Uma outra modalidade ainda de reação ao pai fraco e irresponsável é tornar-se uma guerreira forte e determinada. Nesse caso, a filha se opõe a toda a irracionalidade experimentada como degeneração no pai e luta contra ele. C. S. Lewis descreve esse tipo de mulher em seu romance *Till we have faces* (Até termos faces), que é sua versão do mito de Eros e Psiquê, recontado segundo a perspectiva de uma das irmãs invejosas. Nesse romance, o pai é um rei destrutivo e brutal que sacrifica sua filha mais jovem, Psiquê, à deusa Afrodite, a fim de apaziguar seus servos que se queixaram de que aquela é a responsável pela fome e pela praga que assolam a região. O fato de ele a sacrificar é um reflexo de sua ausência geral de espírito. Seus principais interesses são festas, caçadas, acúmulo de dinheiro e ambição por novos bens. Não dedica tempo algum a suas filhas e, aliás, sente desgosto por elas não serem filhos. Quando se envolve com elas, a relação assume a forma de terríveis explosões de ira e xingamentos, em que as chama, uma de prostituta (a filha que segue o padrão pueril) e a outra de feia. A "feia", Orual, é a mais velha. Quando do nascimento de Psiquê, Orual assumiu o papel de sua mãe, pois a mãe verdadeira de Psiquê havia morrido. Assim, considerava a menina como sua filha e a amava com dedicação materna. Quando seu pai sacrificou a filha mais nova, Orual perdeu seu bem mais precioso: a amada Psiquê.

Orual odeia o pai e tudo o que ele representa. Ela despreza o irracional, que lhe significa apenas algo degenerado, pois suas experiências nesse sentido vieram através do pai, e transfere seu ódio para o completo reino dos deuses no qual ora descrê, ora odeia por haverem levado embora sua adorada irmã Psiquê. Pensa da seguinte maneira:

"A seu próprio modo, essa habilidade divina é admirável. Não bastou que os deuses a matassem; precisaram tornar seu pai o assassino... Observe porém de novo a crueldade dos deuses. Não há como escapar deles pelo sono nem pela loucura, pois eles podem perseguilo sonhando. Na verdade, é quando mais se está à mercê deles. A melhor defesa que temos contra eles, embora não haja uma defesa real, é ficar o mais acordado e sóbrio possível, dar o máximo de si no trabalho, não ouvir música alguma, jamais contemplar o céu ou a terra e, acima de tudo, não amar ninguém"[12].

Pode-se ver aqui claramente a consolidação de uma consciência rígida e negativa, de uma rejeição dos sentimentos e da vida, em reação à destrutividade do pai negativo. Em nível coletivo, como rei ele simboliza o relacionamento irresponsável com o feminino, isto é, com a valorização cultural inadequada do feminino. Orual reage contra isso lutando com o pai. Ela aprende a manejar a espada com mais poder do que qualquer homem, e, quando seu pai morre, ocupa o trono. No entanto, sua amargura resiste, pois se dá conta de que só vive para trabalhar. É uma rainha triste e solitária que escolheu ter a vida de um homem.

Cada vez mais consumida pela amargura e pelo ódio contra os deuses, Orual decide escrever um testamento acu-

---
12. C. S. Lewis, *Till we have faces*, Grand Rapids, Wm. B. Eerdman's Publishing Co., 1956, p. 80-1.

sando-os. Ao fazê-lo, fica possuída pela própria fúria de seu pai e, enquanto escreve, é assaltada por sonhos e visões. Num deles, seu pai a força a ir até o porão do palácio e lá a obriga a descer ainda mais por um buraco escuro, onde a confronta segurando um espelho para que ela possa enxergar claramente quem é. Quando se olha, Orual vê que é como seu pai. É então que se dá conta de que, através de sua reação contra o pai, por meio da tentativa de ser sua adversária, ela acabou adotando a mesma postura irracional. Seu esforço para se tornar forte e racional só encobriu a raiva e o ciúme irracionais semelhantes aos do pai. Nesse instante de reconhecimento, ela percebe que sua incumbência não é lutar contra o irracional, mas sim transformar em sagrado aquilo que se tornou o espírito degenerado (simbolizado pela relação de seu pai com a vida). Admitindo que seu desafio diante dos deuses era uma tentativa egóica (como a de seu pai) de ter controle e possuir, ela se rende ao poder maior dos deuses e, enfim, torna-se capaz de amar.

Em certo momento, Orual diz a si mesma que sua meta era "aumentar cada vez mais aquela força, resistente e sem alegria, que veio quando ouvi a sentença do deus, aprendendo, lutando e me esforçando para eliminar de mim todas as mulheres"[13]. Dentro desse padrão de guerreira, o pai e, em geral, todos os outros homens são rejeitados e desprezados como seres fracos, e a filha acha que só ela é forte o suficiente para fazer o que precisa ser feito. A ironia está em que o caminho dessa força é moldado por um modelo masculino e, por isso, o feminino ainda continua sendo desvalorizado por esse tipo de mulher. É bastante comum perceber-se em tais mulheres os dentes rangendo, a determinação inabalável. Para as que vivem segundo esse tipo de existência, a vida se torna uma missão e uma série de batalhas a serem vencidas, em vez de uma sucessão de momentos a serem desfrutados. Cruel e sombria, ela avança com estridência, desconsiderando os

---

13. Ibid., p. 184.

sentimentos e o corpo feminino ocultos por trás de seu escudo de luta. Em vez de lutar pela verdadeira força da receptividade feminina, ela a considera mera passividade fraca. Talvez esse seja o padrão adotado pela maioria das militantes quando insistem que não há diferenças entre homens e mulheres e reduzem a receptividade a uma passividade débil.

Um exemplo desse padrão podemos encontrar em Bobbie, que veio fazer análise por se sentir presa a um papel de guerreira. Sentia-se dura; vivia como um homem. Queria ser aberta e receptiva, viver um relacionamento, mas se sentia tensa e fechada. Seu pai, embora cordial e amoroso em muitos sentidos, tinha dado a todas as filhas nomes masculinos. Alimentava ambiciosas expectativas profissionais a respeito delas, e Bobbie achava que tinha sido criada como filho, e não como filha. Tornou-se assim ambiciosa e competitiva — a lutadora tenaz —, e achava que isso havia sido a causa de seu casamento ter fracassado e de seus relacionamentos não serem satisfatórios. Era ainda muito exigente consigo mesma, criticando-se sem piedade.

No decurso da análise, começou a meditar, a praticar Tai-Chi e a estudar uma forma de arte. Essas experiências a tornaram aberta, e ela, aos poucos, foi se sentindo mais receptiva e espontânea com as pessoas. Teve então uma série de sonhos com figuras femininas positivas, entre as quais uma velha sábia que havia escrito um livro sobre o feminino. Outra era uma moça que corria livre pela grama. Depois sonhou que estava deitada enquanto outra mulher lhe acariciava o clitóris. Um homem estava inerte a seu lado. Ela não ficava excitada com a mulher, e se preocupava com a possibilidade de o homem ficar ofendido pelo odor da secreção vaginal. Mencionou suas preocupações à outra mulher, que respondeu que ele gostaria do cheiro da feminilidade.

Esse sonho aconteceu num momento em que estava se abrindo, captando mais sua dimensão suave e sua espontaneidade. Mas ainda persistiam as tendências de julgamento e de uma inversão de papéis na qual passaria então a agradar os homens tornando-se passiva, ou seja, assumindo a postura da bonequinha queridinha. Ela sentia que o sonho revelava três de seus lados. O homem inerte simbolizava sua parte masculina anterior que havia rejeitado a suavidade do feminino; esse lado correspondia à projeção feita por seu pai e refletia a visão que a cultura patriarcal mantém. A outra mulher ela associou a uma moça lésbica, não ao tipo militante que desprezava os homens, mas sim à mulher que lutava pelos direitos femininos segundo uma postura centrada no feminino. Viu-se, no sonho, como aquele tipo de queridinha (sua sombra) que deseja agradar os homens e se adaptar aos valores masculinos. Sua reação a esse sonho foi querer se relacionar com a outra mulher, com o símbolo de seu *self* feminino, mas seu antigo padrão "de macho" e sua contrapartida — a bonequinha — ainda se interpunham no caminho dessa realização. A figura mais forte, no entanto, era agora a mulher ativa, e era assim que estava começando a se sentir. Esse é o exemplo de uma mulher que começou a integrar suas forças de rainha guerreira, mas não através de um sistema armado de defesas. Ao contrário: essa integração estava acontecendo por intermédio de seu lado mais suave e, desse modo, essas forças passavam a estar disponíveis de um modo feminino forte, que a expressava como mulher.

O desespero da amazona de couraça

Quais são os traços comuns da amazona de couraça? O principal é seu desejo de controlar. Como costuma ver no homem uma pessoa fraca e impotente, ou está reagindo contra o uso irracional de poder que o caracteriza, ela se apossa do poder. Estar no controle torna as coisas seguras, parece que tudo está a salvo. Junto com o controle, no entanto, costuma vir uma dose exagerada de responsabilidades, deveres e a sensação de exaustão. A necessidade de controle é, geralmente, devido ao medo do irracional e, portanto, este é eliminado tanto quanto possível do âmbito de sua vida. Mas, quando acontece, ela se sente alienada da espontaneidade e do inesperado, que são, justamente, os elementos que dão sabor e encanto à vida. Com freqüência, essas mulheres também estão distanciadas dos sentimentos e das relações, pois sua necessidade de controle não lhes permite vivenciar tais coisas. No fundo, dá-se uma separação das raízes mais profundas da criatividade e da espiritualidade sempre que predominar essa atitude controladora. Não é de espantar, por conseguinte, que as amazonas terminem achando que a vida se tornou árida e destituída de significado. E também não surpreende que as forças espontâneas, até então reprimidas ou suprimidas, subitamente se manifestem para se afirmar e desestabilizem a estrutura psíquica vigente, na forma de uma depressão ou de um ataque de ansiedade, e da sensação de que não é mais possível enfrentar as coisas.

Predomina na atitude amazônica uma ênfase excessiva sobre limitações e necessidades. Kierkegaard descreveu essa atitude como uma forma de desespero que chama de "o desespero na necessidade". Esse é um distanciamento em relação à totalidade da pessoa, e acontece quando ela se identifica com a finitude e com a necessidade a ponto de negar as possibilidades, inclusive a possibilidade essencial do *Self*. Aonde isso leva? Segundo Kierkegaard, quando a mulher se vê somente como ser finito, torna-se:

> um número, apenas mais uma pessoa, mais uma repetição... A estreiteza desesperadora consiste na falta de primitividade, ou no fato de a pessoa ter-se privado da própria primitividade; consiste em ter-se emasculado na dimensão espiritual[14].

Segundo Kierkegaard, a tendência é tornar-se "mundano", isto é, tornar-se experiente e perito a respeito de como funcionam as coisas no mundo ao qual a pessoa se adapta. Embora isso conduza ao sucesso no mundo conforme ela se adapte às exigências dos negócios, também a faz tornar-se uma imitação adaptada dos outros. O perigo está em esquecer que o *Self* é um poder mais forte, que o temor é de permi-

---
14. Kierkegaard, *Sickness unto death*, cit., p. 166.

tir a espontaneidade incontrolável capaz de levar o indivíduo a perder a posição segura e bem estabelecida. Como o Rei Midas, que, para ficar completamente seguro, transformava tudo em ouro, inclusive a comida, e assim morreu de fome, essa atitude priva a pessoa da força vital que lhe dá sustento. Como diz Kierkegaard, o homem esmagado pelo desespero debate-se contra a existência. Em última análise, essa atitude é "o desespero de querer desesperadamente ser ele mesmo — o desafio"[15]. Pois, no fundo, a pessoa, numa atitude desafiadora, recusa a possibilidade, e essa recusa está além do poder de controle de seu ego. Levada ao extremo, essa atitude é demoníaca, porque repele toda ajuda de um poder superior e considera que a força e o poder só existem na própria pessoa.

A postura da amazona de couraça é, na verdade, desesperada e sobre-humana. Por isso acontece o colapso dessa simulação de força com uma certa freqüência, tal como vimos em cada uma das mulheres que estavam em filmes e peças que mencionamos. Em todas elas aconteceram o colapso da postura egóica de força vigente e a redução a um estado de fraqueza e impotência perante o irracional. Jenny, Julieta e Orual tornaram-se vítimas de alucinações; Esther e Jenny foram tomadas por impulsos suicidas. O desafio crucial para elas, como para mim e muitas de minhas clientes, era aceitar a fraqueza, a depressão e a incapacidade de trabalhar e funcionar. É muito comum que isso represente um encontro com nossa ira e nossas lágrimas. São muitas as mulheres que em consultório tremem de raiva e choram. Com muita freqüência sentem vergonha e humilhação pela própria fraqueza e falta de controle. "Não deveriam" chorar nem ter raiva, costumam dizer, porque esse é um sinal de inferioridade. É comum também serem boas candidatas a um esgotamento nervoso. Contudo, se puderem aceitar a validade de seus sentimentos, essa aceitação tem condições de fornecer-lhes uma nova humildade que as faça abrir-se e penetrar no fluxo da vida.

---

15. Ibid., p. 200.

A caminho da transformação

É claro que o colapso total de uma amazona de couraça é uma situação radical. Quando procedemos à análise, esperamos que haja uma transformação consciente antes desse colapso. Como poderá então ocorrer essa transformação? Como é possível à mulher prisioneira de uma couraça de amazona se libertar?

Um primeiro passo consiste em ver em que tipo de armadura ela está presa. Sem essa identificação, continuará alimentando o padrão de se defender daquilo que tem por dentro. Ela vai precisar aceitar sua sombra de fraqueza. Diferente da *puella*, cuja postura consciente é a fraqueza, a adaptação de ego da amazona é a força e o poder. Porém, por baixo da concha de força é comum encontrarmos impotência, dependência e uma carência avassaladora, capaz de consumir os que estão à sua volta. A mártir se mascara de trabalhadora sofredora, mas, por dentro, é vítima da autocomiseração e quer que os outros sintam pena dela. A força da *superstar* está em suas realizações e conquistas, mas, quando estas perdem o significado, como é comum que aconteça quando são apenas artifícios do ego para conseguir atenção, a probabilidade é de que essa mulher entre numa dimensão de incapacidade para qualquer coisa. A confiável obediência da filha consciensiosa para trabalhar e colaborar com as exigências alheias pode encobrir uma revolta interna e o desejo de fugir, sentimentos capazes de fazer ruir seu mundo organizado, deixando que ela e os outros fiquem à mercê da confusão e do caos. A dureza de gelo da rainha guerreira pode de repente derreter sob o sol de uma ligação emocional capaz de devastar tanto a mulher como o outro, porque é um vínculo de dependência totalmente possessivo.

Aceitar a sombra de fraqueza não significa entrar permanentemente na posição de *puella*, embora isso possa ser uma etapa necessária ao seu desenvolvimento. A amazona já desenvolveu bastante força e poder em sua vida, e isso tem um grande valor. Sua questão é mais permitir que essa força venha de forma natural à tona, desde o centro de sua personalidade, em vez de ser forçada de fora pela adaptação do ego. É necessário que essa força seja levada até a área da qual tem medo. Não é fraqueza permanecer no âmbito do irracional, assim como não é fraqueza usá-lo como fonte de conhecimento. Pelo contrário, fraqueza é ser incapaz de confrontar-se com esse aspecto da vida. Se a amazona puder aprender a valorizar sua vulnerabilidade e os aspectos incontroláveis de sua existência, poderá criar uma nova fonte de forças. O processo criativo oferece muitos exemplos da necessidade de ir até o inconsciente e lá permanecer na fraqueza, talvez mesmo em depressão, com tédio ou ansiedade, a fim de fazer nascer o "novo ser", a atitude criativa que tem condições de mudar a vida da pessoa. O caminho até essa experiência não passa por "fazer" alguma coisa, que é justamente o procedimento habitual das amazonas. "Não-fazer" é o segredo para encontrar esse caminho, a meu ver.

Enquanto revisava este capítulo, encontrei-me prisioneira de duas terríveis couraças das amazonas: a da *superstar* e a da mártir. Minha energia criativa estava bloqueada. Tinha um prazo para cumprir e me sentia completamente esgotada. Não conseguia escrever mais uma única palavra. A carga parecia insuportável e estendia-se para além do capítulo, pois comecei a sentir que também não conseguia mais atender a nenhum de meus outros compromissos. Por fim, desisti de minha tarefa de escrever e fui dar uma volta ao ar livre e visitar amigos. Estes sugeriram que eu perguntasse ao *I Ching* do que se tratava minha couraça de amazona e, quando o fiz, tirei o hexagrama OPOSIÇÃO. Ali estava a imagem de minha situação: duas filhas que "... embora vivam na mesma casa, pertencem a homens diferentes; por isso seus desejos não são os mesmos, mas têm direções divergentes"[16]. As duas filhas, segundo minha interpretação, eram meus próprios lados amazona e *puella*, ligados por uma tenaz oposição. A *puella*

---

16. R. Wilhelm, trad., *I Ching*, cit., p. 147.

queria brincar, e a amazona precisava trabalhar. Presa entre ambas, sentia-me paralisada e incapaz de fazer alguma coisa. O conselho que recebi foi o seguinte: "Se você perder seu cavalo, não corra atrás dele. Ele voltará quando quiser" [17]. O que o *I Ching* estava dizendo era que não forçasse as coisas, e que, se eu o fizesse, só iria alcançar o oposto do que estava querendo. Se a pessoa corre atrás do cavalo, ele só vai mais longe. É melhor deixá-lo voltar por si mesmo. Era dessa forma que minha energia criativa de redação deveria ser tratada. Eu precisaria esperar até que ela retornasse. E, de alguma forma, a imagem que o *I Ching* deu levou-me a esperar pacientemente.

Um outro aspecto da transformação da amazona de couraça é se libertar da idéia de que precisa ser como um homem para ter poder. Muitas amazonas são dominadas pela reação a um pai inadequado, tanto em nível cultural como pessoal. Sendo assim, é natural que uma identificação de ego com o masculino possa compensar aquilo que ficou subdesenvolvido em função do pai. A tendência que prevalece aqui é desenvolver a modalidade heróica de existência numa intensidade razoável. A amazona identifica-se, essencialmente, com o masculino heróico, e essa identificação precisa ser constatada e desmantelada. Se a amazona não pretende ter um esgotamento, precisa suavizar sua couraça; com isso terá mais facilidade em encontrar uma forma criativa de relacionar-se com o feminino e com a feminilidade dos homens. Essa parece ser também uma questão crítica para nosso momento histórico, porque a mulher de couraça, na luta por seus direitos, tem precisado realizar essa batalha com os homens num confronto direto de poderes em oposição. Tem sido preciso que ela empunhe a espada e lute como homem. No entanto, como Orual, com sua espada, escudo e máscara, fica destituída de relacionamentos.

Talvez, pelo fato de sua identificação primária ser com o masculino, sua couraça possa ser suavizada por uma figura masculina amorosa. Essa imagem, "o homem com coração",

---

17. Ibid., p. 148.

emergiu em um de meus sonhos. Nele, um rapaz tinha se mudado, sem que eu o soubesse, para minha nova casa e havia decorado um quarto. Esse rapaz adorava a natureza, andar, viajar, e tinha trazido consigo tapetes lindamente coloridos e tecidos a mão por poloneses e mexicanos. Os motivos dos tapetes eram pássaros e flores, e a principal cor do fundo era um tom delicado de rosa. Nesse quarto estavam divãs e cadeiras aconchegantes, aqueles tapetes maravilhosos e uma luz clara e suave. Lá estava ele de pijama sentado confortavelmente num divã, ouvindo música e lendo um livro. No sonho apaixonei-me profundamente por ele. Quando acordei, no meio da noite, andei pela casa toda procurando esse quarto e o rapaz. Mas, pobre de mim, não consegui encontrar nada. A princípio fiquei desolada, depois dei-me conta de que essa imagem poderia ajudar-me a encontrar dentro de mim aquele homem que gostava de mulheres e que conseguia criar uma atmosfera gostosa, aconchegante e confortável.

Outro exemplo de uma imagem masculina capaz de suavizar a couraça da mulher é o grande amante Casanova. Em sua palestra de 1975 no Jung Memorial, em Zurique, Hilde Binswanger comparou dois amantes famosos, Dom-Juan e Casanova, e disse que eles poderiam ser considerados duas figuras masculinas interiores diferentes. O comportamento de Dom-Juan, o amante que seduzia mulheres e depois as deixava amargas e negativas em relação aos homens e a si mesmas, foi comparado ao funcionamento do homem negativo interior. Casanova, o amante que amou muitas mulheres e fez com que todas se sentissem femininas e adoradas, poderia ser a imagem da figura masculina interior positiva, que faz a mulher sentir-se bem a seu próprio respeito. Tendo tais imagens em mente, parece-me que a mulher presa dentro da couraça da amazona está lutando contra a imagem do dom-juan, que para mim parece semelhante à do "velho pervertido", imagem masculina que despreza as mulheres e sai pisando duro quando elas se mostram autoconfiantes e atribuem valor a si mesmas. Nessa luta, porém, ela vai se endurecendo. Por outro lado, o toque terno de Casanova tem uma relação sensível com o feminino. Com essa imagem, ela pode responder de modo criativo e receptivo, e essa resposta procede do centro vigoroso de sua própria feminilidade.

Talvez esse aspecto masculino mais suave e delicado pareça primeiro um parvo, um tolo fraco e ineficiente que não sabe como fazer as coisas. Nos contos de fadas e no simbolismo das cartas do Tarô, o parvo ou o Bobo é uma figura que move-se por toda parte sem direção e, no entanto, quando perde o caminho costuma tropeçar no que é novo e desconhecido. É justamente o novo e o desconhecido que tende a estar faltando na vida da amazona, porque é disso que sua couraça a protege. A figura do Bobo está intimamente associada ao feminino e ao nível instintivo. Na versão de Waite do Tarô, essa figura aparece com uma rosa na mão e um cão a seu lado; nos contos de fadas, aparece sentado chorando, e alimenta os animais que depois o ajudam a salvar a princesa que está presa numa montanha de vidro ou numa torre. Uma vez que tratarei desse tema em outro capítulo, quero mencionar aqui apenas indicações desse caminho, esclarecendo que a imagem do parvo pode ser útil para a aceitação e também para a valorização da sombra de fraqueza e para um relacionamento criativo com o feminino.

Em contraste com a *puella*, cuja tarefa de transformação consiste em aceitar sua força e desenvolvê-la, a transformação da amazona envolve o ato de se suavizar e acolher a receptividade para poder então contar com a integração desses elementos à força que já está desenvolvida, em favor da manifestação criativa de seu espírito feminino.

CAPÍTULO
5

O HOMEM INTERIOR

*A descoberta básica sobre qualquer povo
é a descoberta do relacionamento
entre seus homens e suas mulheres.*

Pearl S. Buck

O pai é a primeira experiência do masculino que a mulher tem na vida. Dessa forma, constitui-se num importante modelo para ela, em seu modo de relacionar-se com sua própria dimensão masculina interior. Tenho constatado algumas imagens masculinas recorrentes em sonhos de mulheres com relacionamentos conturbados com os pais. Aparece com freqüência nos sonhos e nas experiências da mulher propensa ao padrão da *puella* de eterna menina uma figura que chamo de "velho pervertido". Nos sonhos e nas experiências da amazona de couraça surge muitas vezes a figura do "menino zangado".

Uma vez que a mulher pueril tende a negar sua força e poder e, em lugar disso, cai sob o jugo do masculino poderoso e autoritário, ocorre uma perversão dessa força, e ela parece tornar-se a vítima de um juiz crítico interior. Por outro lado, a amazona de couraça inclina-se à negação de sua própria dimensão lúdica. A forma masculina desse lado da amazona se torna um adolescente zangado e rebelde, necessitado de afirmar-se e de romper com o controle imposto pela couraça. A fim de desenvolver uma melhor relação com o masculino interior e exterior, a mulher necessita tornar-se consciente dessas figuras na psique e de como elas a afetam. Assim que as enfrentar, poderá nascer uma relação nova e mais criativa com o masculino.

1. A *PUELLA* E O VELHO PERVERTIDO

Muitas mulheres dizem, durante sua análise, algo como: "De que jeito vou fazer isso?... Não presto para nada... Tudo o que faço dá errado... Não tem jeito... Ninguém nunca vai me amar". E, após eu também ter dito isso a mim mesma um sem-número de vezes, comecei a me perguntar que mentiras se ocultam por trás dessa falta de espírito: o que está por trás de uma auto-imagem tão negativa? O que torna e mantém as mulheres tão inseguras e pouco confiantes a ponto de permanecerem como eternas meninas, fixadas no padrão arquetípico da *puella*?

Ocorre-me repentinamente um motivo recorrente, uma imagem comum nos sonhos de muitas analisandas e nos meus: a de um velho pervertido e sádico. O sonho seguinte ilustra esse tema.

Nele, um velho sexualmente pervertido estava seguindo uma menina inocente, esperando pelo momento em que poderia agarrá-la; ele dizia que seria quando ela começasse a usar vestidos longos, quer dizer, quando estivesse pronta para se tornar mulher. Nesse momento, planejava destruí-la. No entanto, a menina inocente tinha uma amiga que a alertou sobre isso e, dessa forma, ela pôde encontrar-se com ele e enfrentá-lo de cabeça erguida. O plano que ele havia armado para agarrá-la por trás foi neutralizado, e o velho pervertido ficou enfurecido; saiu bufando atrás dela, mas ela lhe deu um pontapé no meio das pernas e o fez voltar para trás rolando. Cada vez mais irado, o velho pegou um balde de água suja, que tinha sido usada para lavar morangos, e tentou atirar nela. Contudo a menina foi mais rápida e agarrou o balde, jogando-o de volta nele. Quando fez isso, uma voz lhe disse: "Essa é uma tarefa nos contos de fadas de quatro línguas diferentes".

Esse sonho mostra a ligação entre as duas figuras — a *puella* e o velho pervertido — e esclarece também o momento em que ela pode crescer, além de salientar o perigo que está implícito nele, pois então o confronto consciente começa e, com ele, a possibilidade de enfrentar essa figura interior. Retomarei ainda essa possibilidade. Primeiro, quero considerar um pouco mais essas duas figuras, a *puella* e o velho pervertido, para descobrir por que e como aparecem juntas.

Da mesma forma como Perséfone tem um Plutão que a rapta e a leva para o mundo subterrâneo, também na psique da *puella* existe uma manifestação doentia do lado rígido e autoritário do masculino. Potencialmente, é um sábio que ficou doente e inconveniente por ter sido esquecido. A meu ver, essa negligência é devida a um processo de mágoa pelo pai, no qual este não se colocou emocionalmente disponível para a filha de modo comprometido e responsável nas dimensões do eros e do logos; quer dizer, esse pai não funcionou como pai.

Quando o princípio paterno, que fornece a noção da autoridade interior e do espírito, está ausente ou deformado, constela-se a oportunidade de aparecer o velho pervertido. Segundo minha experiência, sempre que existe um potencial psíquico que não está sendo usado, surge a chance para sua perversão. O potencial de pai existe no íntimo de todos nós, sejamos homens ou mulheres. Porém, para desenvolver esse potencial, precisamos de momentos de experiência. Precisamos investigá-lo e experimentá-lo repetidas vezes, testá-lo e tentá-lo, e é assim que crescemos e aprendemos a usar aquilo que existe dentro de nós.

Quando o pai não se torna concretamente disponível para sua filha, ou quando ele existe de um modo negativo no desenvolvimento dela, de que maneira ela irá experimentar essa parte de si mesma e conhecê-la? O mais provável é que tenha de se valer daquilo que ouve da mãe e dos parentes, e de absorver dados das impressões culturais e das fantasias progressivas que ocupam um espaço que seria reservado para a realidade. É bem provável que, se o pai não estava disponível para a filha, também não estava disponível como marido para a esposa. Assim, a mãe poderá ter uma perspectiva amarga ou cética dos homens e um homem interno negativo e perverso, isto é, uma relação negativa com a masculinidade que lhe é natural. Não surpreende, portanto, que a filha cresça com a mesma visão negativa dos homens e com uma relação distorcida com a masculinidade interior. Estando a imaginação a todo vapor com tonalidade negativa, é fácil de se configurar a imagem do Barba-Azul. Isso pode acontecer tanto em nível interno como cultural. Suponhamos uma mulher que cresceu na Alemanha nazista — exemplo extremo, sem dúvida —, na qual dominava a brutalidade fascista. Que imagem de pai e de espírito poderia ela ter então? Ou mesmo nos Estados Unidos, onde é tão comum os homens permanecerem meninos e onde são tantos os divórcios e a falta de comprometimento — tudo tão transitório.

Quando a imagem paterna está comprometida, também está a dos homens. A mulher irá vivenciá-los como negativos, sentindo desconfiança em relação a eles. O modo como essa visão distorcida do pai e dos homens se manifesta na *puella* e na amazona difere para cada caso. A amazona vê o homem como fraco e inferior, como um ser impotente. É ela que é forte e poderosa, que é independente. Os homens têm pouca ou nenhuma importância em seu mundo. Por outro lado, a *puella* entrega todo o seu poder aos homens. É uma pessoa dependente, uma vítima à mercê do macho todo-poderoso. É ele quem domina, consinta ela ou não com isso. Não é incomum constatar-se a presença de uma síndrome sadomasoquista. Depois de entregar aos homens todo o seu poder, pouco lhe resta, e sua autoconfiança e auto-estima encontram-se em níveis muito reduzidos. No inconsciente, é claro, o mais provável é que seja como uma enorme presunção, na forma de uma imagem elevada e irreal de si mesma. Talvez se sinta como a princesa sensível que não pode dormir na palha porque é boa demais para coisas inferiores. Porém, em nível consciente, talvez se sinta como Cinderela, negligenciada e usada, relegada ao lixo e às cinzas. Certa mulher teve um sonho onde isso fica nítido. Seu namorado estava elogiando uma mulher muito confiante que se olhava com total enlevo narcisista, enquanto a sonhadora trabalhava na despensa, desossando frangos. Depois de um certo tempo, a sonhadora não suportou mais e, enraivecida, acusou a outra mulher de ser muito convencida. Era isso que precisava fazer na realidade: reconhecer a atitude inconsciente, inflacionada e narcisista que a escravizava à visão inferior que nutria de si mesma.

Na atitude pueril da mulher consigo mesma é comum ouvir-se uma voz cínica e ordinária dizendo-lhe que ela não é de nada, que jamais vai conseguir o que quer, e que também não é digna de amor. Quando acredita nessa voz, inicia-se um círculo vicioso que perpetua essa visão negativa de si mesma, como pessoa fraca e sem valor. É freqüente, aliás, seu "fracasso" no mundo externo, mas isso acontece porque entregou toda a sua força ao homem interior sádico que lhe revela que ela vai fracassar, ao mesmo tempo que alimenta seu convencimento.

Isso acontece em quatro diferentes estilos de *puella*: na "bonequinha queridinha", que dá vida às projeções de seu parceiro; na "menina de vidro", que vive num mundo de fantasias, incapaz de enfrentar a realidade; na "despreocupada", que vai amorosa e descomprometida de homem para homem; e na "desajustada", que é a menina má e a pária da sociedade. No fundo, a falta de autoconfiança e o fato de dar ouvidos ao brutamontes interior levam todas elas a terem vidas insatisfeitas. Uma de minhas analisandas teve um sonho em que, a caminho de um "chá-de-bebê ou de-cozinha", estaciona o carro numa rua sem saída, onde um velho tenta roubá-lo. Quando ela o vê, ele corta todos os pneus para que ela não possa fugir. Não é de espantar, portanto, que não consiga se mexer, que não consiga dar realidade e trazer à luz a plena extensão de seu potencial criativo, que era aliás imenso.

Acusa-se costumeiramente a mulher de nunca ter se mostrado e arriscado no plano social. "Onde, na história, estão as mulheres que criaram?", é o que mais se ouve. Contudo, se de fato é até certo ponto típico o processo de desenvolvimento que venho descrevendo, essa falta não é de estranhar. A *puella* tem de enfrentar em seu íntimo o velho pervertido que esmaga seu potencial antes de poder criar e dar vida concreta a seus feitos no mundo externo.

Uma modalidade cultural de funcionamento do velho pervertido parece-me ser a imposição de uma visão masculina de criatividade à mulher, tiranizando-a com a lógica e a razão. Se seguir esses ditames, deverá criar como homem, e não proceder segundo as diretrizes de seu cerne feminino. Não é de admirar que sejam tão poucas as mulheres que se sobressaíram; a maioria viu negado seu caminho natural para a criação. Além de impor padrões masculinos de julgamento à criatividade feminina, o velho pervertido também funciona culturalmente fazendo com que se sintam culpadas se ocuparem seu tempo consigo mesmas, criando. Anaïs Nin, que viveu grande parte de sua vida como *puella*, tendo sido também filha de uma mulher pueril, e que não obstante conseguiu criar e contribuir para o mundo, expressa essa situação com muita clareza quando afirma:

> "Existe ainda um outro problema para a mulher que escreve, inexistente no caso do homem: a culpa. De alguma forma, a mulher associou a atividade de criar, a vontade criativa, a um conceito masculino, e teme que esse ato seja agressivo, porque a cultura não exige da mulher que realize coisas, e sim do homem. Por conseguinte, ele não tem culpa quando se tranca e escreve um romance e não dá atenção à família durante três meses. Por sua vez, a mulher tem sido praticamente moldada pela noção de que sua vida pessoal é seu dever prioritário, e que escrever é uma atividade de auto-satisfação em seu

expressar. Confunde isso com subjetividade e narcisismo, e do homem escritor jamais se fala que é narcisista"[1].

Não que eu esteja desculpando ou justificando a falta de criatividade feminina com esses argumentos. Absolutamente, pois isso seria vivenciar o padrão da *puella*, a vítima, a menina impotente que está à mercê desses velhos detestáveis. Entretanto, considero que seja necessário entender o desenvolvimento de um padrão de vida para poder modificá-lo. É comum haver tanto manifestações internas como externas, dentro de um padrão de vida destrutivo, e, depois que o mesmo é mapeado, cabe enfrentá-lo em ambos os níveis. Na área da criatividade, o mais importante para as mulheres terem claro é como essa figura masculina pervertida vem funcionando cultural e internamente, dentro de sua psique.

Além da criatividade, a sexualidade e as relações são outras áreas nas quais o padrão sadomasoquista se instala. No sonho anteriormente citado, o velho é sexualmente pervertido e a menina é jovem e inocente. Como sádico, ele quer destruí-la. É como se os dois viessem juntos: a inocência e a perversão. Considere o seguinte exemplo: certa mulher com quem trabalhei em análise e que não tinha um pai com quem pudesse se relacionar procurava-o em todos os homens que conhecia. Nos primeiros estágios de sua vida, havia sido inteiramente cortado seu acesso à sexualidade, pois ir para a cama com o próprio pai é proibido. Em breve, porém, a sombra apoderou-se de sua pessoa e, da ingenuidade sexual, saltou para a promiscuidade, tornando-se incapaz de dizer "não" às exigências masculinas, mesmo quando iam contra seus sentimentos. A maioria dos homens com quem se envolveu foram pessoas das quais na verdade gostava, mas, no fundo, estava mesmo era procurando seu pai. Ela buscava a criação de um vínculo com o parceiro em termos sexuais, pois, através do sexo, poderia ter o homem. Os parceiros eram em geral pes-

---

1. Evelyn J. Hinz, ed., *A woman speaks: the lectures, seminars and interviews of Anaïs Nin*, Chicago, The Swallow Press, 1975, p. 82-3.

soas não emocionalmente disponíveis por serem em sua maioria casados; nesse sentido, a falta de compromisso que havia vivido com o pai se repetia em suas novas situações. Já que não vinha agindo de acordo com o centro de seu eros feminino, mas sim a partir de uma necessidade de amor e comprometimento que seu pai nunca lhe deu, estava incluída em todas essas relações uma espécie de autotraição, ao lado da traição daqueles homens. Bem no fundo, ela não confiava neles, pois, senão, ter-lhes-ia dito como se sentia de fato. O modo como o velho pervertido funcionava dentro dela era dizendo-lhe que sua única saída para ter uma relação era colocando seu corpo à venda, o que terminava enfraquecendo ainda mais sua confiança. Essa figura também a impelia para relacionamentos com homens que, na verdade, eram inatingíveis. Assim, em sua "liberdade" sexual, continuava tão distante de relacionamentos e do eros, tão fechada a essas dimensões, quanto antes, no tempo de sua ingenuidade. No entanto, o velho pervertido tinha a capacidade de controlá-la e de mantê-la à distância de relacionamentos significativos apenas porque ela lhe havia dado o poder, através de sua inocência e falta de afirmação feminina, de sua passividade e dependência, que a faziam agir como menina em vez de mulher autoconfiante.

Esse padrão não é tão incomum. Numa dimensão mais evidente, é necessário apenas que constatemos a elevada incidência de abuso de crianças. As mulheres que, quando meninas, foram submetidas a experiências de abuso sexual ou mesmo estupro por homens mais velhos sentiram essa perversão, em sua modalidade externa, de forma radical. Em conseqüência disso, sua autoconfiança sofre um dano considerável; se aprofundarmos nossas reflexões iremos encontrar o velho pervertido, o animus negativo e tortuoso que continua praticando abusos. Um outro exemplo em nível social é o da prostituta. As pesquisas mostram que é freqüente o número das que foram brutalmente rejeitadas pelo pai e que revivem essa rejeição e o ódio concomitante vendendo-se aos homens. No entanto, mesmo em donas de casa aparentemente felizes, ou em moças namoradeiras, esse padrão está muitas vezes funcionando.

O filme *O último tango em Paris** trata de modo extremo dessa relação integral entre o velho sádico e a moça masoquista, e mostra os perigos que existem para um e outro. No início do enredo, o velho deprimido e prostrado conhece por acaso uma moça cheia de vida, quando ambos vão visitar um apartamento para alugar. Seu relacionamento começa de imediato no plano sexual e é completamente impessoal, a ponto de ele dizer que só se encontram ali pelo sexo e que não devem fazer perguntas um ao outro; não devem sequer saber seus nomes. No começo, ela quer conhecê-lo melhor, mas, depois, concorda com sua exigência e se encontra com ele dentro dos limites que ele estabelece. O que para ela significava, no início, uma relação apenas casual e lúdica acaba se tornando um vício compulsivo por força do qual se permite submeter a uma diversidade de práticas sexuais humilhantes e desprezíveis. Seria de esperar que esse padrão continuasse indefinidamente, mas ela vira a mesa. Em algum momento, o homem começa a se apaixonar pela moça e quer uma relação mais pessoal. Assim que isso passa a acontecer, no entanto, é a moça quem começa a insistir na impessoalidade. Agora é ela quem rejeita e chega ao controle da situação. Finalmente, quando ele insiste na relação pessoal e quer saber seu nome, ela se recusa assustada e, numa reação histérica de defesa, atira para matá-lo, enquanto diz:

"Não sei quem ele é. Ele me seguiu na rua. Tentou me estuprar. É um louco. Não sei seu nome. Não sei seu nome. Não sei quem é. É um louco. Não sei seu nome"[2].

No final, tenta justificar-se alegando inocência e falta de conhecimento, quer dizer, não sabia o nome dele. Esse filme dramatiza ao máximo a interação entre o homem sádico e a mulher masoquista; entretanto, o que talvez seja ainda mais importante é que mostra o outro lado da moeda, algo que

---

* Nota do Editor: *Last tango in Paris*, 1972, dirigido por Bernardo Bertolucci.
2. Bernardo Bertolucci, *Last tango in Paris*, Nova York, Dell Publishing Co., 1973, p. 197.

não aparece com tanta freqüência: a moça também é sádica, pois é ela quem, afinal, mata o homem e recusa o relacionamento pessoal. O outro lado da submissão ao homem é seu sentimento negativo de desconfiança e, até, de ódio por ele. Alexander Lowen, em *Amor e orgasmo*, descreve esse padrão da filha dependente por um prisma diferente. Segundo ele, essa mulher funciona psicologicamente como uma prostituta que, depois de ter sido rejeitada, passa por uma grande necessidade de amor. Para consegui-lo, fará qualquer coisa. A força dessa necessidade, porém, devora o homem com quem se envolve, pois, independente do quanto ele lhe der, nunca será suficiente. Sendo seu anseio algo insaciável, o amante acaba por se sentir culpado e fracassado. Ela, então, sente desprezo e o expulsa, como um ser sem valor[3].

Embora seja extrema essa análise, penso que, normalmente, deve existir um elemento presente à maioria dos padrões *puella*-velho pervertido. No sonho que citei primeiro, a moça inocente deve enfrentar o homem pervertido. Ao fazê-lo, precisa prestar atenção consciente nele, e não agir como se ele não estivesse ali, como tinha sido seu procedimento enquanto fora inocente. É esse reconhecimento consciente de sua existência que permite à mulher enfim afirmar-se como tal e, dessa forma, superar o controle cético e ameaçador daquela figura. Jogar de volta em cima dele a água suja da lavagem dos morangos — sua recusa em ser maculada pelos detritos de um amor falido — é sua afirmação como mulher e uma comprovação do poder de seu próprio amor. Contudo, primeiro, ela tem de confrontar essa figura, ou seja, conhecê-la e denominá-la. A tragédia de *O último tango em Paris* acontece quando a jovem tem medo de realmente conhecer o velho, quando teme saber quem ele é, identificá-lo e saber seu nome. Por outro lado, nesse sonho como no conto de fadas intitulado "Rumpelstiltskin", são justamente a denominação e a identificação da figura pervertida que previnem a tragédia e libertam a princesa do jugo do pervertido.

---

3. Lowen, *Love and orgasm*, cit., p. 266-71.

Como acontecem, porém, a denominação e a identificação dessa figura? Uma forma é através dos sonhos, que revelam o elenco de personagens que habitam nosso interior e a dinâmica existente entre eles. Outra é compreender nossas projeções sobre as pessoas que nos cercam, nossas fantasias de como gostaríamos que fossem. Os contos de fadas, os mitos, a literatura e os filmes são oportunidades também para nos vermos refletidos nos diversos personagens e padrões de interação retratados nessas obras. Outro meio é o da imaginação ativa, isto é, o diálogo ativo com a figura interior para descobrir quem é e por que está ali, agindo daquela forma. Uma analisanda contou-me uma experiência de imaginação ativa na qual conversou com a figura do velho pervertido que tinha aparecido várias vezes em seus sonhos. Quando lhe perguntou por que era tão malvado e repugnante, ele lhe respondeu: "Menininha, você me importuna com sua hipocrisia inocente. Finge ser a pobre vítima indefesa, deixa-me de lado e depois me responsabiliza, mas eu também preciso de atenção, e é por isso que a estou incomodando. Tente compreender-me e entender por que sou tão frustrado. É por isso que a trato tão mal". O que ele parecia estar lhe dizendo era que sua perversão vinha do fato de ela ignorá-lo o tempo todo e agir como se não estivesse ali. Assim que ela começou a prestar atenção nele, a falar com ele e a acolhê-lo, ele começou a mudar.

Desse modo, esquecer e negligenciar o velho pervertido é o que mantém a *puella* em sua posição impotente e passiva. Como poderia ser negligenciada essa figura em nível psicológico? Uma forma é não reconhecer em absoluto sua existência. Considere, por exemplo, a atitude de otimismo idealista e exagerado que não admite limites e restrições de espécie alguma, a atitude de despreocupação e recusa em acreditar no poder dos aspectos demoníacos e sombrios da existência. Impaciência é um exemplo de negligência da despreocupada: ignora os limites do tempo, voando para o futuro em vez de fazer o que é preciso, no presente. A bonequinha queridinha corre o risco de cair na armadilha de ser incapaz de aceitar seu lado feio por causa das projeções rasgadamente idealistas que recaíram sobre ela, feitas pelo pai e parceiros amorosos. O lado superficial disso é ela se identificar — como o faz a desajustada — com a sombra, numa atitude de revolta em que não enfrenta o velho pervertido porque está por demais identificada com ele. Um uso exagerado de drogas, de álcool e o sexo exemplificam essa situação devido ao fato de os limites naturais do corpo e da vida emocional não serem aceitos. A menina de vidro ignora o velho pervertido retirando-se para seu mundo de fantasias.

O velho pervertido pode ser negligenciado também pela tentativa de se fugir dele. Uma de minhas analisandas era perseguida no sonho por um velho ameaçador e estava tentando correr mais que ele. Quando chegaram numa cerca, ela se virou e o chutou na perna; com isso, ele tropeçou e caiu num buraco em que havia uma caixa com formato de caixão funerário. Ela tentou enterrá-lo, mas não terminou o serviço, e logo ele estava atrás dela de novo, dizendo-lhe que não conseguiria escapar. Entretanto, ela escapou e, em sua fuga, foi sugada para um vácuo no céu. Nesse caso, o velho pervertido foi conscientemente experimentado através de uma atitude autocrítica e cínica recorrente, que dizia à sonhadora que ela não teria êxito e a atormentava com sentimentos de culpa por sua "maldade". Esses sentimentos impediram-na de prosseguir com seu desenvolvimento educacional por vários anos; finalmente, quando teve a coragem de se arriscar de novo a estudar, a mesma figura lhe revelou que não seria bem-sucedida. Na época desse sonho, ela havia dado início ao processo de enfrentar essa figura interior, mas ainda não o havia completado e, assim, ainda estava tentando escapar. O vácuo no céu para o qual havia sido sugada simbolizava um espaço vazio em seu íntimo, uma sensação de depressão e culpa por não ter dado realidade a seu próprio potencial, tendo-o, em vez disso, projetado como criatividade em seus namorados. No decurso de sua análise, começou a encarar esse cinismo oculto e a combatê-lo; à medida que o processo se desenrolava, foi se sentindo cada vez menos vítima das circunstâncias e assumindo cada vez mais a responsabilidade por suas decisões. Por exemplo, dava apoio à sua decisão de desenvolver-se profissionalmente e, quando a voz cínica e maldosa gritava "Você não merece se sair bem!", ela gritava mais ainda dizendo que estava errada e que iria alcançar as metas que se havia estabelecido. Ao fazê-lo, novos aspectos do mundo se lhe abriram.

Um dos motivos para se escapar de tais figuras é que elas podem se tornar de fato demoníacas. Afinal, o demônio é o rejeitado e o negligenciado, mas também o orgulhoso e o convencido. Esses dois — o rejeitado e o orgulhoso — costumam alternar-se na psique. Em minhas experiências, quando me sinto rejeitada, a tendência é dizer a mim mesma: "Muito bem, vou embora para algum lugar onde as pessoas realmente me valorizem ...". Claro que isso implica que a rejeição não está sendo confrontada com a afirmação consciente do próprio valor pessoal e que, no nível da fantasia, onde se é fantástico e aqueles palermas não conseguem sequer enxergar isso, está havendo uma compensação. Porém, existe também o receio de que esses que rejeitaram tenham tido alguma razão.

Enfrentar o velho pervertido significa confrontar esse complexo de rejeição-inflação. Significa constatar a própria identificação com o diabo, com esse orgulho poderoso e impotente que afirma: "Não posso fazê-lo", na suposição de que se tem todo o poder de decidir se se pode ou não fazer alguma coisa. Essa atitude nada deixa para ser aproveitado pelas forças superiores, além do ego, por aqueles recursos interiores de cura que, não obstante, estão devidamente encobertos pelos disfarces da menininha impotente. Enfrentar o velho pervertido significa a possibilidade de um embate com essa figura, do qual pode resultar o contato com forças até então insuspeitas, como aconteceu com a menina do sonho que pôde jogar de volta a água suja e depois teve a confirmação de que essa era uma tarefa necessária. Enfrentar o velho pervertido também significa ficar diante da possibilidade de que, na perversão, se oculte alguma alternativa exeqüível. Afinal, o demônio é um anjo caído, um ser superior cujo potencial de algum modo deu errado, devido a uma atitude distorcida.

O seguinte exemplo de imaginação ativa, vivido por uma moça no início de sua análise, constitui uma prova de que é possível atribuir algum valor à perversão:

"À beira d'água, subi numa jangada puxada por um cisne gigantesco. Deslizando pelo mar, passamos ao lado de uma flor de lótus muito grande e bonita; então, o cisne mergulhou na direção da entrada de uma caverna. Ali uma bruxa me recebeu e me conduziu por uma série de cavernas, passando por um javali, até chegarmos numa sala redonda, onde me fez dançar com uma barata enorme. Primeiro, nós três dançamos juntas, mas depois a bruxa me deixou sozinha com o inseto. Fiquei horrorizada e enojada por ter de dançar com aquela barata monstruosa, mas acabei dançando, e, de repente, a casca do bicho se quebrou e de dentro saiu um lindo e jovem príncipe".

Ela associou a barata com o pai, pessoa que considerava nojenta e inferior e cujas qualidades rejeitara, pois haviam se deteriorado. As lembranças que tinha dele eram principalmente negativas: ele voltava para casa no meio da noite quando as baratas não estavam; tornava-se com freqüência irracional, incapaz de controlar suas emoções. Na realidade, ele era também amável, expansivo, sensível e ligado à mãe. Ainda não havia encontrado sua própria força e ordem interior para moldar os intensos sentimentos que possuía. Ele mesmo viera de uma família cujo pai não funcionara e a mãe era doente, de modo que tinha tido modelos precários. A filha, ao ver apenas o lado negativo de sua sensibilidade e de sua expansividade, passou a rejeitar esses mesmos aspectos em si própria. Por fim, quando reuniu coragem para dançar com a barata repugnante e a casca se rompeu, ela teve acesso a todos os aspectos positivos dos sentimentos e da sensibilidade de seu pai. No entanto, para alcançar esse seu lado, teve primeiro de enfrentar a mãe negativa e rejeitadora (a bruxa) e a ira por seu pai (o javali). O cisne gigantesco que a transportou, ela associou ao cisne que levou a jangada de Lohengrin, o protetor do Santo Graal. Assim, para ela, o caminho até o espírito foi dançar com a figura pervertida, a barata.

Certo dia, lendo o "Anão amarelo"[4], um conto de fadas escrito por Madame d'Aulnoy, entendi de repente como aquela podia muito bem ser a história de uma *puella* e suas armadilhas, no caso de ela não desenvolver sua força e não enfrentar conscientemente o velho pervertido. O conto também sugere alguns passos da transformação. No início da história, há uma rainha que tem só uma filha. Uma vez que o rei está morto e que a princesinha é tudo para a mãe, a rainha teme perder o afeto da filha e por isso a mima de todos os modos, sem nunca tentar corrigir qualquer um de seus defeitos. Por causa disso, a princesa cresce muito orgulhosa e convencida, tão envolvida com sua própria beleza que despreza todos os outros. No começo a rainha fica muito orgulhosa por todas as demonstrações de atenção que a filha recebe de seus pretendentes, mas, depois, fica preocupada quando a princesa lhe diz que não quer se casar porque nenhum deles é bom o bastante para ela. A rainha começa a sentir que errou ao permitir que a filha fizesse só o que bem entendesse, e por isso vai consultar uma feiticeira chamada "Fada do Deserto". Para chegar até ela, é preciso passar por leões ferocíssimos, mas a rainha leva alguns bolos para oferecer-lhes. No caminho, fica cansada e adormece embaixo de uma laranjeira, e alguém lhe rouba os bolos. Ela acorda com o rugido dos leões, e de repente aparece um anão amarelo na árvore, comendo as laranjas. Ele lhe diz que só a salvará dos leões se ela lhe prometer a filha em casamento. Como está com medo, a rainha concorda, apesar da repugnância que ele lhe causa. De novo em casa, a rainha fica muito deprimida e infeliz por causa de sua promessa, mas não conta a ninguém o que aconteceu. Finalmente, a princesa fica muito preocupada com sua mãe e decide ir consultar a Fada do Deserto. Ela também adormece embaixo da laranjeira e, quando acorda, encontra o anão amarelo. Quando ele lhe conta o que sua mãe havia prometido, fica enojada. Os leões então aparecem, como tinha acon-

---

4. Andrew Lang, ed., *The blue fairy book*, Nova York, Dover Publications Inc., 1965, p. 30-50.

tecido com sua mãe, e, para se salvar, a princesa concorda em se casar com o anão. A princesa, cujo nome é Belíssima, volta para casa muito triste.

Com o orgulho ferido após o encontro com o anão amarelo, Belíssima decide casar-se com um dos pretendentes, porque dessa forma talvez escape dele. Decide-se pelo Rei das Minas de Ouro, que, de início, por causa de sua insegurança, não consegue acreditar que tenha sido o escolhido. Porém se alegra, e em breve a princesa está realmente apaixonada por ele. Chega o dia do casamento, mas, antes que a cerimônia aconteça, dois invasores estragam a festa: o anão amarelo e a Fada do Deserto. O anão desafia o Rei das Minas de Ouro a defender a princesa, e os dois lutam. O rei perde a coragem e a concentração quando vê que a fada, uma bruxa horrorosa com cobras enroladas em torno da cabeça, desfechou um golpe contra Belíssima que a deixou desacordada e a está levando embora. Abandonando a luta com o anão amarelo, o rei se apressa atrás da princesa para salvá-la, ou morrer com ela. Depois, porém, fica tão horrorizado com o que está acontecendo que perde a consciência e também é levado embora pela bruxa malvada.

Nesse ínterim, a bruxa malvada mudou sua aparência e se tornou uma mulher maravilhosa. Belíssima, que a vê carregando seu noivo, fica desolada e enciumada. O rei, no entanto, enxerga por trás do disfarce e sabe que tem de escapar da fada e que, para isso, precisa de paciência e inteligência. Com elogios, ele conquista a confiança da bruxa para que ela o deixe sozinho; aparece então uma sereia que o ajuda a escapar. A sereia lhe diz que terá de lutar contra muitos inimigos e lhe dá uma espada especial, feita com um diamante que o ajudará a superar todos os adversários, desde que ele não deixe que a espada lhe caia da mão.

O rei inicia o caminho em busca de Belíssima. Encontra, primeiro, quatro terríveis esfinges que tem de matar e, em seguida, seis dragões com escamas mais duras que o ferro, os quais também precisa abater. Ele se desincumbe dessas tarefas, depois depara com vinte e quatro ninfas lindas e graciosas, ornadas com flores, que barram seu caminho. Ele também as elimina e, então, finalmente, vê Belíssima. Corre até ela, mas esta se afasta, achando que ele a traiu. Na esperança de demonstrar seu amor por ela, ele se atira a seus pés; no entanto, ao fazer isso, deixa cair a espada. Nesse instante aparece o anão amarelo, que se apodera da espada e a enterra no coração do rei. A princesa, ao ver seu amado morto, morre de tristeza.

Nesse conto de fadas, não existe o princípio masculino do pai, e, por causa disso, a estrutura me parece refletir a situação que uma filha tem de enfrentar quando o pai é ausente ou negligente, pois não há autoridade nem disciplina. A filha é mimada, não tem noção alguma de responsabilidade ou compromisso. Ela é Belíssima, a mais linda de todas as princesas, mas não consegue amar. O primeiro confronto real com um princípio masculino na história, o anão amarelo, traz uma figura masculina negativa. Ele chantageia tanto a mãe como a filha, e deseja possuir esta. Além disso, quando aparece pela primeira vez, está comendo laranjas na árvore sob a qual as duas adormecem e, considerando a árvore e as laranjas como símbolo da fecundidade da vida, é o anão amarelo que a possui e a está consumindo. Nem a mãe nem a filha desenvolveram em si mesmas a consciência, a disciplina e a coragem; por isso adormecem, perdem os bolos e também temem os leões; por causa desse grande temor, submetem-se à sujeição imposta pelo anão. Falta aqui um desenvolvimento masculino positivo, ou seja, as qualidades da consciência, da disciplina, da coragem e da tomada de decisões. Não houve a influência positiva do princípio masculino. Pelo contrário, está subdesenvolvido, e assim deixa aberto o caminho para a invasão e a usurpação do anão, que vitima a mulher. No entanto, o combate com o anão não é totalmente destrutivo, porque minora em parte o narcisismo e o orgulho da princesa. Pela primeira vez em sua vida, ela compromete-se com o Rei das Minas de Ouro, que é um princípio masculino em potencial. Como ele é inseguro de si mesmo, e exageradamente sensível diante da brutalidade, perde a consciência e a capacidade de lutar. Contudo, recebe outra oportunidade quando a sereia, símbolo da sabedoria feminina, ajuda-o a escapar e lhe dá uma espada. A espada serve como símbolo daquelas qualidades anteriormente mencionadas: ela corta e atravessa e, nessa medida, faz distinções e permite à pessoa lutar. Segundo o budismo tibetano, a espada simboliza as qualidades da "confiança Vajra", que vem de forma espontânea do centro mesmo da pessoa. Segundo o simbolismo cristão, pertence a São Jorge, o herói que mata o dragão. É também a espada que dá ao Rei Artur o poder de constelar a "távola redonda", local de comunhão e de comunicação.

Valendo-se da espada, o rei começa tendo êxito no combate a seus inimigos — esfinges, dragões e lindas ninfas, todas estas figuras que simbolizam os perigos que existem quando o universo feminino não está integrado. A mãe-esfinge negativa apresenta enigmas impossíveis de serem resolvidos e, assim, encoraja a indecisão; o dragão pode devorar com a depressão e a inércia; as ninfas jovens e lindas seduzem pela ingenuidade e pela beleza. No fim, porém, o rei perde de vista sua tarefa quando tenta convencer a princesa de que a ama e consolar seus sentimentos magoados. Consegue safar-se da proteção das ninfas, mas não da proteção da princesa. Por isso cede à autocomiseração dela e à sensação de ter sido traída e deixa cair a espada, perdendo assim todo o caminho evolutivo que havia percorrido e toda a força que havia conquistado até aquele momento. Não há, portanto, transformação no final.

Parece-me que esse conto indica com suficiente clareza como a dimensão masculina interior subdesenvolvida pode configurar-se numa imagem nas *puellas*. Por um lado, há o anão amarelo, imagem do masculino em sua forma pervertida, figura que a atormenta com dúvidas a respeito de si mesma, com autopiedade, narcisismo, depressão, sentimentos suicidas, inércia etc. Por outro, há o Rei das Minas de Ouro, figura com potencial para superar sua autodestruição, mas que é por demais subdesenvolvida, fraca e vulnerável para chegar a esse resultado. Faltam o foco consciente e a concentração na tarefa, ao lado da força corajosa, da paciência e da resistência que lhe permitam permanecer no processo a qualquer custo.

Como sugere esse conto de fadas, o que a *puella* precisa, independentemente de seu padrão particular, é desenvolver a guerreira que existe em seu interior, aprender a segurar firme a espada. Karin Boye expressou isso em seu poema "Uma espada":

> Uma espada
> flexível, elástica e forte,
> espada dançarina
> orgulhosamente obediente das leis estritas
> os ritmos árduos do aço.
> Uma espada
> queria ser — alma e corpo.
> Detesto esta alma quebradiça que tenho
> a suportar paciente, trançada e torcida,
> por outras mãos.
> Odeio-te
> minha alma preguiçosa e sonhadora.
> Tu deves morrer.
> Ajuda-me, ódio, irmão de meus anseios.
> Ajuda-me a ser
> uma espada,
> uma espada dançarina de aço temperado[5].

Em meu trabalho com as *puellas*, tem sido de valor inestimável a descrição do "guerreiro" dada por Carlos Castañeda[6]. Segundo vejo, os livros de Castañeda descrevem muitas das atitudes pueris que encontramos nas pessoas e na nossa cultura contemporânea, expressas pela própria figura do autor. Seu professor, o índio iaqui Don Juan, tenta mostrar-lhe o tempo todo sua falta de comprometimento, de coragem, e, portanto, sua inabilidade para agir no mundo e para estar aberto ao que ele lhe apresenta. Por exemplo, Castañeda faz continuamente o papel de vítima, mergulha na autopiedade a respeito do passado, tem uma visão romântica de si mesmo (e

---

5. Bankier, Cosman, Earnshaw, Keefe, Lashgari, Weaver, eds., *The other voice*, Nova York, W. W. Norton Co., 1976, p. 38.
6. Carlos Castañeda discute o tema do guerreiro em vários de seus livros. Ver, por exemplo, *Tales of power*, Nova York, Simon and Schuster, 1974.

por isso se leva a sério demais), é impaciente, teme responsabilizar-se pelo que faz, mata o tempo sem vivê-lo, queixa-se, aborrece-se, justifica-se, cai em sentimentalismos, preocupa-se e apega-se à culpa e assim por diante. Como a *puella*, da qual é a contrapartida, desperdiça seu poder em queixas, em satisfações desmedidas dos próprios desejos, em inércia. Don Juan diz a Castañeda que ele faz tudo isso para evitar responsabilizar-se por suas decisões. Segundo Don Juan, no entanto, não há tempo para acanhamentos, que solicitam a imaginação e impedem a pessoa de agir no momento azado. Em vez de queixar-se, satisfazer-se e sentir pena de si mesmo, o que é preciso é ser um guerreiro! Tornar-se forte dá o mesmo trabalho que tornar-se fraco, é o que diz Don Juan. Por isso, o guerreiro não perde seu tempo com fraquezas, mas assume a responsabilidade por seus atos e vive de modo estratégico, atento às sincronicidades e ao que é. O guerreiro não tem medo porque é guiado por um propósito inabalável, está em foco e alerta; dessa forma, pode enfrentar todas as ameaças e os terrores. Firma-se em si e, ao mesmo tempo, entrega-se ao fluxo: esse é o estilo do guerreiro. Nessa medida, incorpora a integração do receptivo e do criativo, vivendo e amando os paradoxos da vida, equilibrando o terror e a maravilha de ser humano.

Em lugar de perder-se em meio ao padrão corriqueiro da inocência e da sedução pueris, que encobre a hostilidade e a agressividade latentes, o confronto direto exige um nível de asserção focalizada e atenta como a implicada pela imagem de Castañeda quando fala do guerreiro: a prontidão para se resguardar e preservar e para estar aberto ao que está ali. Nesse abrir-se, da mesma forma como a barata se transformou, pode-se constatar que o velho pervertido era apenas um disfarce para o vigor e a sabedoria juvenis do príncipe interior, que esperava pela mulher capaz de dar valor à força recém-encontrada. Talvez a *puella* precise lembrar-se das palavras do poeta Rilke, que fala de um padrão semelhante, embora referente à psique masculina:

> "Como poderíamos nos esquecer daqueles antigos mitos que estão no início de todos os povos, mitos de dragões que, no último mo-

mento, se transformam em princesas? Talvez todos os dragões de nossa vida sejam princesas esperando apenas para nos ver belos e bravos. Talvez tudo o que é terrível seja, em sua mais profunda dimensão, algo impotente aguardando nossa ajuda"[7].

2. A AMAZONA, O MENINO ZANGADO E O BOBO

Para a mulher que está sob o jugo de uma reação como amazona de couraça, essa armadura pode às vezes ficar terrivelmente pesada. Carregar o tempo todo o peso de realizações, deveres, martírios, militâncias pode ser algo tremendamente pesado mesmo. Do ponto de vista coletivo, a amazona está numa posição deveras vulnerável. Depois de ter trabalhado e sofrido, de ter inúmeras vezes negado seus impulsos em favor de objetivos mais valiosos, tornou-se responsável e corretíssima. Como Atlas, carrega figurativamente o mundo nas costas. Não admira então que os ombros e as costas comecem a se cansar, que por vezes caia por terra, que a armadura comece a rachar. Entretanto, por trás dessa proteção, por trás da personalidade forte e marcante, é comum encontrar-se em nível psíquico um menino sensível, rebelde e zangado por ser fraco, por ter sido esquecido e posto de lado como "bobo". Essa imagem do menino zangado apareceu-me com relativa freqüência na psique de amazonas de couraça, ou seja, em mulheres que optaram por uma poderosa adaptação egóica de tonalidade masculina.

Eu mesma reconheci sua presença em um de meus sonhos, pouco antes de ter iniciado minha análise. Naquela época, tinha terminado a árdua tarefa de obter um grau de doutora em filosofia. Também era casada, mas eu e meu marido éramos como dois "solteiros", concentrados em nosso trabalho. Havia adotado uma visão segundo a qual as mulheres não eram diferentes dos homens e, embora inúmeros anseios e sentimentos negassem essa noção, sentia-me culpada

---

7. Rilke, *Letters to a young poet*, cit., p. 69.

e, dessa forma, suprimia tais vivências. Desnecessário dizer: eu estava muito deprimida. Nesse sonho, um ruivinho de 12 anos estava sentado atrás de mim, numa colina gramada, atirando pedrinhas que me atingiam nos ombros e nas costas. Sem dúvida estava com raiva de mim, tentava atrair minha atenção e, enfim, conseguiu. Logo depois disso, entrei em análise. Meu defensivo mundo profissional ruiu em pedaços e me vi diante dos sentimentos daquele menino zangado.

Não estou falando aqui a respeito do lado positivo da amazona, de sua confiança, assertividade e realizações no mundo, que são aspectos sem dúvida dotados de grande valor. Em vez disso, estou me referindo àquelas mulheres que assumiram uma postura de amazona, como reação defensiva contra uma atuação inadequada de seus pais, ou seja, estou falando das mulheres que sentem o peso desse papel, que estão exaustas das batalhas e do trabalho e que perderam a noção do significado que um dia sua atividade já teve. Nesses casos, a perda do significado e o profundo cansaço sugerem que as coisas ficaram rígidas e sérias. Onde está a alegria, a ludicidade, a espontaneidade? O menino brincalhão parece estar perdido, mas, em minha experiência, está oculto na figura do menino zangado e rebelde. Não surpreende muito que essa dimensão do menino tenha ficado perdida se as experiências da mulher com esse seu lado tiverem sido repletas de decepções, fraudes, preocupações e vergonha. A situação de matar a galinha dos ovos de ouro é tão comum quanto o ditado, e por isso aniquilar o lado positivo e inspirador do rapaz, em reação à dimensão perigosa e repugnante, é algo que acontece muitas vezes. Como no caso da *puella*, creio que isso aconteça quando o princípio paterno tiver sido experimentado como subdesenvolvido e/ou distorcido. Em vez de permanecer passiva e de procurar pelo pai em outra pessoa, a mulher amazona tenta incorporá-lo em si mesma. À medida que tenta tornar-se seu próprio pai, seu processo de ego-adaptação tende concomitantemente para o masculino. Embora, em última instância, a integração do princípio masculino seja essencial ao desenvolvimento de uma mulher, o que acontece no caso da reação da amazona é uma identificação com aquela parte do masculino que é sóbria e séria, forte e poderosa, eficiente e resolvida, conscienciosa e responsável. O lado brincalhão, espontâneo, imaginativo, divertido, juvenil está, na maioria das vezes, esquecido e desvalorizado. Não admira que se torne zangado e mesquinho.

Uma das formas pelas quais o menino zangado pode interferir na vida da amazona é fazendo com que ela tenha dificuldades com o coletivo. Quando tentamos fazer tudo compulsivamente certo — dirigir um automóvel, por exemplo —, aparece um trapaceiro que faz o motorista entrar na contramão; a polícia vai estar por perto, pronta para multar. Outro recurso do menino zangado é através do corpo, como quando se revolta contra o excesso de trabalho sob a forma de úlceras, colite, dores de cabeça, ou costas e pescoço doloridos e tensos. A depressão que torna difícil à pessoa trabalhar pode ter também um menino zangado por trás disso, assim como explosões de mau humor que acabam levando a pessoa ao ridículo. Algumas vezes, o ataque do menino zangado ocorre ostensivamente em nível externo.

Depois de ter tentado, por várias horas, escrever sobre este assunto, estava dirigindo bem devagar por uma rua quando dois adolescentes, que estavam brincando do outro lado da rua, mandaram um carrinho de controle remoto na direção de meu carro com tamanha rapidez que me foi impossível frear e evitar que entrasse debaixo dele. Assim, passei por cima do brinquedo, fazendo-os ficar muito zangados. Em vez de enfrentá-los com minha própria raiva diante de sua irresponsabilidade e talvez então entendê-los um pouco mais, fui até a praia, que era aonde estava indo, e estacionei. Quando voltei, encontrei o veículo todo coberto de ovos quebrados e esmagados contra o pára-brisa e a lataria, "servicinho" que, sem dúvida, tinha sido feito pelos adolescentes zangados. Senti muita raiva, impotência e humilhação. É muito comum que, em razão do ataque de um menino zangado, resulte essa sensação de ridículo e vulnerabilidade. Literalmente, aqueles meninos tinham-me açulado*. Depois de pensar melhor, percebi que eu não só tinha passado por cima de um brinquedo que simbolizava meu lado juvenil suprimido, como ainda sentia medo da autoridade coletiva, a polícia, pois foi imediata, em minha imaginação, a idéia de ser multada por ter atropelado um carrinho de brinquedo. Aqueles meninos tinham-me feito de boba e, não obstante, fizeram-me aprender mais sobre mim mesma.

Em minha experiência, a transformação dessa figura do menino rebelde está na imagem do parvo. Ela aparece em muitos contos de fadas nos quais o filho mais novo é estúpido, cheio de si e incapaz, se comparado aos irmãos mais velhos, sempre belos, fortes e capazes, que menosprezam o caçula aparvalhado com um cinismo sarcástico. No conto de fadas, porém, é o bobo quem consegue terminar a tarefa, não os irmãos mais velhos.

Antes de fazer mais extensivamente algumas considerações sobre a figura do parvo no conto de fadas, primeiro darei um exemplo concreto de como ela me ajudou. Ao escrever sobre a amazona, minha própria dimensão de amazona foi convocada e, junto com ela, veio um menino rebelde que me provocou uma série de acidentes e outros acontecimentos desagradáveis e embaraçosos. Também durante o mesmo período, minha vida onírica revelou um adolescente patológico que ficava tentando invadir meu apartamento. Em vez de perguntar-lhe o que ele queria, atirei nele um bastão que também atingiu meus olhos. Apesar de agora estar ciente de que ele pretendia investir contra a amazona que havia em mim, concordei em participar de uma cansativa caminhada de quase 40 km pela mata. Acordei às 6h da manhã, a fim de ter certeza de que não perderia a hora. Enquanto guiava até o local de partida, ocupava minha mente o conflito entre a amazona e o moleque zangado. Graças a todos os meus preparati-

---

* Nota da Tradutora: no original, *açular* vem como *egg on* (egg = ovo). Os meninos atiçaram sua raiva atirando ovos, por isso o início da sentença traz o advérbio "literalmente".

vos, realmente cheguei com bastante tempo de antecedência, e o guia deu-me instruções para estacionar e retornar ao ponto de partida, onde o grupo estava se reunindo. Porém, apesar de suas indicações, me perdi e, quando consegui achar o caminho de volta, o grupo já tinha saído. Fiquei furiosa! Será que não tinha feito tudo com heroísmo, levantando de madrugada etc.? Ainda assim, decidi andar, e de repente me veio à mente que aquela caminhada era um projeto por demais amazônico para mim, naquela altura. Meu lado menino rebelde havia novamente interferido e, desta feita, na forma de um bobo que se havia vinculado com grande propriedade à minha reduzida capacidade de seguir instruções detalhadas. Aceitei enfim a situação e sentei-me ao sol, à beira de um córrego, onde comecei a escrever, produzindo um texto muito mais criativo do que poderia imaginar. Por isso, embora a figura do bobo revoltado tivesse interferido em meus planos de ego para aquele dia, tinha na verdade me ajudado a entrar numa dimensão bastante criativa, que eu ainda não havia localizado sozinha.

A reação da amazona ao pai negativo, a meu ver, nega o bobo porque o lado "fraco" do homem é para ela inaceitável. Dessa forma, ela enfatiza o elemento forte e heróico em si, mas, por outro lado, perde toda a tradução positiva, a espontaneidade e a delicada imprevisibilidade, os erros que parecem tolos ao coletivo eficiente, mas que muitas vezes desencadeiam exatamente o processo que conduz o sujeito a um ponto inesperado e pleno de significado. Apesar de a figura do bobo ser em geral ridicularizada no cotidiano pelo coletivo (ao qual a amazona presta obediência), nos filmes ela é adorada. Basta pensarmos em exemplos como o de Charlie Chaplin, Buster Keaton, Peter Sellers. Não são apenas figuras queridas; são também "heróis", embora não do ponto de vista do coletivo. Como o Bobo, do Tarô, são importantes ao processo de individuação por terem desistido da orientação egóica de busca do sucesso e permitido a entrada de um novo elemento criativo em cena. Quando todos os métodos conhecidos falham, o Bobo tropeça numa solução nova porque seu jeito de ser não está fixado em nada. Está aberto!

Se a pessoa considera mais de perto a figura do parvo nos contos de fadas, é capaz de captar um traço essencial. É muito comum, por exemplo, que ele saiba ser incapaz de realizar uma tarefa impossível e por isso, em vez de tentar "pôr-se à prova", ele simplesmente senta e chora. Ele pode admitir sua fraqueza e vulnerabilidade sem sentir vergonha. Em geral, acredita que alguma ajuda virá e sabe esperar. É generoso também e reparte o que possui. Os animais são seus amigos e o ajudam porque ele, por sua vez, os trata com carinho, os ajuda e lhes dá o que tem. O parvo é, sempre, o irmão mais novo que os mais velhos rebaixam. Prefere não se defender verbalmente, porque sabe como esperar em silêncio. Talvez sua qualidade mais importante seja a receptividade. Ele não precisa controlar. O parvo acompanha o vôo de uma pena que, ao ser lançada no ar, segue as correntes aéreas naturais; é uma figura aberta e receptiva à natureza e seus fluxos; é capaz de esperar sem forçar as coisas. Assim, mantém-se aberto ao desconhecido e às coisas novas que aparecem em seu campo de visão. O fato de não ter medo de parecer tolo diante dos valores coletivos permite-lhe agir com confiança e ser receptivo ao que lhe acontece.

No conto dos Irmãos Grimm intitulado "O ganso de ouro", encontramos exatamente essa figura[8]. Chamado de Parvo ou Simplório pela família, é o mais novo de três filhos e é "desprezado, alvo de zombarias, ridicularizado em todas as ocasiões". Os irmãos mais velhos são muito espertos, sensatos, obedientes a seus próprios planos egóicos. Um de cada vez, todos vão até a floresta buscar lenha, e a mãe lhes dá bolos e vinho para que não sintam nem fome nem sede. Os dois filhos mais velhos tomam muito cuidado com seus alimentos e bebida e, quando encontram um homenzinho grisalho que lhes pede alguma coisa, recusam. Logo depois, um dos irmãos corta o braço com o machado, e o outro, a perna. Por isso, ambos precisam ser levados de volta para casa. Simpló-

---

8. Irmãos Grimm, *The complete Grimm's fairy tales*, cit., p. 322-5.

rio pede então ao pai permissão para ir cortar lenha, e ele lhe diz que é por demais estúpido. Porém, no fim, concorda, dizendo-lhe que talvez fique mais esperto depois de se machucar. Em vez de bolo e vinho, sua mãe lhe dá um bolo todo queimado e cerveja azeda. Simplório vai para a floresta, onde encontra o homenzinho que lhe pede algo para comer e beber. O rapaz explica-lhe o que tem, mas reparte de boa vontade o que trouxe. Quando começam a comer, o alimento se torna um bolo delicioso e a bebida se torna vinho. Por ter bom coração e repartir o que possui, o homenzinho promete dar-lhe sorte. Por isso, quando abate uma árvore, encontra em suas raízes um ganso com penas de ouro. O rapaz sai carregando o animal e assim atrai um grupo de pessoas que desejam pegar, cada qual, uma pena dourada. Entretanto, quando elas tentam arrancá-las, suas mãos ficam grudadas no ganso. O moço ignora essas pessoas e continua com seu ganso; em pouco tempo, há uma fila de pessoas correndo atrás dele, todas presas à ave. Então chega numa cidade cujo rei tem uma filha tão séria que ninguém consegue fazê-la rir. O rei, preocupado, decreta que quem conseguir fazê-la rir irá se casar com ela e herdar seu reino. Quando escuta essa notícia, Simplório vai até a princesa com seu ganso e a fila de pessoas atrás. Assim que o vê, a moça desata a rir, incapaz de parar. O rapaz então pede ao rei a mão de sua filha, mas este não o quer como genro e, por isso, impõe-lhe várias tarefas impossíveis: trazer um homem que consiga beber uma adega inteira; trazer outro capaz de comer uma montanha de pães; finalmente, trazer um barco que possa andar tanto na água como na terra. A cada tarefa, Simplório vai até a floresta, onde encontra o homenzinho a quem ajudou e que, por sua vez, cumpre as tarefas das quais o rei o incumbiu. Depois de estarem todas as três completadas, o rei se dá conta de que Simplório é mais poderoso do que havia imaginado e não pode impedi-lo de casar-se com sua filha. Assim, os dois se casam e depois de algum tempo ele se torna rei.

Esse conto de fadas ilustra a filha presa a uma couraça amazônica: é tão séria que não consegue rir. Seu pai menospreza Simplório a ponto de, mesmo tendo-a feito rir, ainda não ser suficientemente bom. Esse conto mostra também que apenas as figuras masculinas de natureza prática e que seguem seus próprios planos de ego são respeitadas pelos pais (somente os irmãos mais velhos são dignos de confiança e recebem bolos e vinhos). A história mostra porém que, embora os irmãos mais velhos sejam sensatos e voltados para suas metas, é sua exagerada concentração no resultado de suas ambições que os faz passar por maus bocados e os impede de voltar com lenha da floresta. Também a amazona de couraça resistente, controladora, corre o risco de achar que não sabe como seguir floresta adentro (simbolizando seu inconsciente ou o interior desconhecido) e retornar com combustível para pôr em marcha sua criatividade e sua paixão. É preciso que a figura desonrada, ingênua, supostamente estúpida do parvo possa entrar na floresta e retornar com um tesouro. Para ele isso é possível através de sua generosidade e desprendimento, desvinculados de qualquer meta ou objetivo. O paradoxo, no entanto, é que, por meio de seu desprendimento, ele obtém acesso à ajuda do velhinho na floresta e ao tesouro oculto na árvore. O que encontra na raiz é um ganso de penas de ouro que fascina a todos que o vêem. Claro que o ganso é uma criatura boba na opinião de todos, mas essa imagem mostra que na tolice existe ouro, que, porém, não pode ser capturado pelo ego controlador e possessivo; por isso, todos que tentam fazê-lo ficam presos às penas douradas. Que imagem mais poderosa para mostrar como se pode ficar "preso", tentando agarrar e reter as coisas! O que acaba se tornando ridículo é a atitude de calcular os passos, e não a forma ingênua de ser do rapaz. Na realidade, é ele quem passa ao comando da situação e segue adiante, apesar de todas as pessoas estarem atadas ao ganso. Vê-se aqui que, embora possa parecer tolo, existe um elemento ardiloso na figura de Simplório. Ele sabe que todas as pessoas estão grudadas no animal, mas continua em frente do mesmo jeito. Portanto, não está desprovido de um elemento sombra, pois não tenta de fato ajudar os que estão presos. Às vezes, contudo, é exatamente alguma coisa da sombra que se faz necessária para romper com a rigidez de uma situação. É bem aqui, na insistência do rapaz em ir em frente puxando o cordão de ambiciosos, que encontro o menino zangado por trás do parvo. Trabalham unidos para transformar uma forma sisuda, rígida e paralisada de feminilidade em outra, mais risonha e descontraída. A mulher presa numa couraça de amazona é em geral séria demais para dar uma risada. Porém, se puder se soltar e enxergar o valor das tolices, se começar a rir das atitudes que buscam possuir e controlar, e que assim a conservam dentro da armadura, então essa couraça de amazona pode quebrar e passa a ser possível o casamento com o parvo.

A força de uma influência paterna negativa que desencadeia a formação reativa de uma amazona de couraça é ilustrada nesse conto pelo fato de, mesmo depois de o parvo ter feito a princesa rir, o rei ainda assim o recusar e lhe impor tarefas aparentemente mais difíceis. A natureza de cada uma delas é significativa, porque envolve a satisfação de desejos ou a ultrapassagem de limites, por exemplo, beber uma adega inteira, comer uma montanha de pães etc. Ir além dos limites é exatamente o que a orientação exagerada pelo controle jamais permitiria a uma mulher fazer. De certo modo, portanto, o princípio paterno personificado pelo rei, em última análise, ajuda. Embora em certo sentido o rei desvalorize o parvo, em outro ele exige o cumprimento das próprias tarefas que caricaturizam a antiga identificação heróica; essas tarefas afrouxarão o cerco das limitações e deixarão que aflore um lado mais indulgente e juvenil. O parvo pode realizar tais tarefas porque tem a ajuda do velho da floresta, uma figura de velho sábio que existe no inconsciente. Temos então a integração psicológica do velho e do rapaz, que podem agir juntos no mundo da consciência, de maneira eficiente, em oposição à erupção zangada e rebelde de um lado moleque reprimido no inconsciente, numa reação intensa contra uma estrutura de ego rígida demais. Por meio dessa cooperação entre o velho e o filho mais jovem, a antiga estrutura de dominação pode ser substituída por outra nova: o tolo pode ser agora o novo rei.

O entrelaçamento da amazona com o menino zangado e o parvo pode ser exemplificado pelo caso de uma mulher suíça que trabalhou comigo em análise, muitos anos atrás. Vinha de uma família em que o pai era fraco e debilitado por uma enfermidade respiratória, mas dominava a família por meio de uma atitude patriarcal autoritária que desvalorizava o feminino. "Kirche, Kinder, Kuche" (Igreja, Filhos e Cozinha) — o lugar da mulher era apenas o lar. Como conseqüência dessa visão das mulheres, e do modo como ela havia sido tratada por causa disso, essa moça sentia que não valia nada, que estava presa, que não tinha liberdade dentro do "papel feminino". Sua mãe também endossava a perspectiva do marido sendo uma esposa consciensiosa que se submetia à visão patriarcal da feminilidade, secundariamente alimentada pela cultura suíça. Naquele tempo, as mulheres suíças não podiam sequer votar! Quando adolescente, tinha sido forçada a enquadrar-se no papel de filha obediente na ocasião em que seu pai exigiu que saísse da escola e fosse aprender as artes de uma dona de casa. Separada de sua oportunidade de estudar, tornou-se uma esforçada trabalhadora que, inevitavelmente, entrava em relações com estudantes universitários a quem passava a sustentar. Ao mesmo tempo, ressentia-se disso e do papel feminino que lhe havia sido imposto. Como o sentia destituído de valor, negava sua feminilidade. Alternava-se entre atitudes de amazona, como mártir e militante, e de *puella*, como desajustada e despreocupada. Apesar disso, continuava sustentando seus namorados e não cuidava de seu próprio desenvolvimento. Sustentava um homem por um certo tempo e depois ele fugia com alguma outra universitária. Após algumas dessas experiências seguidas, entrou em análise.

Por baixo de uma camada superficial de competência, eficiência, bom humor e responsabilidade, estava a menina vulnerável com uma grande carga de raiva e ressentimentos. Seu "menino zangado" veio à tona cedo, na época da puberdade, quando roubava frutas do pomar da família e recebia severas punições de seu pai por causa disso. Mais tarde, sua raiva emergiu contra o governo suíço e a polícia. Nessa época, participou de várias demonstrações e, numa delas, sofreu uma séria intoxicação com gás lacrimogêneo. A sensação de impotência e humilhação que teve devido a esses acontecimentos lhe foi extremamente prejudicial. No entanto, a raiva dirigiu-se, em sua maior parte, contra si mesma, assumindo a forma de uma auto-imagem muito precária, que a impedia de desenvolver seu potencial. Em vez disso, continuava trabalhando como mártir para sustentar os namorados, enquanto eles se desenvolviam. Ressentia-se disso em segredo e os desprezava, mas continuava trabalhando e negando suas necessidades. No decurso da análise, pôde trazer sua raiva para fora e começar a desenvolver seu talento artístico.

A couraça de amazona dessa mulher encobria sua vergonha por ser feminina, e, assim, ela havia ignorado as necessidades de seu corpo. Era também uma adepta da teoria segundo a qual não existem diferenças entre os homens e as mulheres. Tratava seu corpo dessa forma, desconsiderando as mudanças físicas e humorais desencadeadas pelos períodos menstruais. Com uma determinação estóica, forçava-se a trabalhar ainda mais duro nesses momentos, mas o irônico é que o trabalho que executava destinava-se aos namorados, e não a seu autodesenvolvimento.

O motivo do parvo enganando a amazona de couraça surgiu no seguinte sonho: ela estava atravessando uma ponte central em Zurique quando, de repente, para sua surpresa, descobriu um tampão absorvente em sua boca. Constrangida, rapidamente o jogou por trás do ombro, no rio, a sua direita. Foi então que ouviu gargalhadas de uma multidão alinhada na margem do rio, formada, em sua maioria, por jovens universitárias. Estavam todas rindo e apontando para ela e para o que jogara no rio. Quando se virou para olhar, viu o tampão absorvente que aumentou de tamanho e ficou gigantesco. Incapaz de suportar a humilhação, tentou fugir, mas acordou, ainda escutando o riso de toda aquela gente.

O sonho colocou tudo em foco e mostrou que suas teorias a respeito de mulheres não correspondiam de fato a suas necessidades físicas e emocionais. O fato de o tampão estar fora de lugar, ou seja, em sua boca em vez de em sua vagina, sugeria que as necessidades de sua natureza feminina não estavam no lugar adequado. O fato de ter atirado o tampão às suas costas sugeriu que suprimia suas necessidades femininas e que não queria encará-las. Porém, até mesmo as mulheres que na realidade ela admirava e queria imitar (as universitárias) estavam rindo de sua negação. O tamanho gigantesco do tampão sugeria que sua atitude só tornava o problema ainda maior. Enquanto sua idéia sobre a natureza da mulher era de uma total identidade entre ela e o homem, com completa independência emocional, ela na realidade era muito dependente de todos os homens com quem vivia, atendendo às necessidades deles em detrimento de suas próprias. Embora criticasse as idéias de seus pais sobre o papel feminino, e com justa razão, dava vida a esse mesmo padrão na medida em que sustentava seus namorados em vez de cuidar de seu próprio crescimento. Tinha raiva da visão coletiva do povo suíço a respeito das mulheres, e essa raiva era justificada, mas, uma vez que esse sentimento estava congelado sob a forma de revolta, não surtia o efeito necessário. Foi preciso bancar a boba, no sonho, para poder ver tudo isso. Logo depois, teve uma série de sonhos em que aparecia grávida e tinha um filho; isso acordou nela um profundo desejo de ter uma criança. No entanto, suas idéias sobre as mulheres não o permitiriam. Finalmente, libertou-se de seu padrão de mártir-desajustada nos relacionamentos, casou-se com um homem que era mais atento a suas necessidades como mulher, teve depois um bebê e continuou desenvolvendo seu potencial artístico.

O que o parvo traz para a mulher aprisionada na couraça da amazona é uma atitude solta e receptiva que lhe permite desfrutar as coisas simples e apenas acompanhar o fluxo da vida. Citando um haicai de Issa:

A primavera desabrocha novamente...
Agora, em minha segunda infância
Tolo, Tolo, também[9].

---

9. Peter Beilensen, trad., *Lotus blossoms*, Nova York, The Peter Pauper Press, Inc., 1970, p. 13.

3. O HOMEM COM CORAÇÃO

Quando o velho pervertido e o menino zangado são confrontados e identificados, depois que o guerreiro e o parvo podem existir, é muito freqüente que aflore espontaneamente uma nova imagem masculina, nos sonhos e na imaginação. Muitas vezes, essa figura aparece primeiro em nível onírico como invasor, como desconhecido que invade a casa da mulher. Enquanto estive trabalhando com essa figura em mim, através da elaboração deste trabalho, tive uma série de três sonhos sucessivos com um rapaz invasor. Estavam também ligados à natureza: um deles trouxe consigo um cachorro e um gato; outro levou-me a tomar banho num lago com água límpida na montanha; e o terceiro decorou um novo aposento em minha casa com tapetes coloridos e tecidos a mão, que trouxe de suas viagens, cheios de desenhos de flores e pássaros de cores vibrantes. Esses homens de meus sonhos me trouxeram novos sentimentos e mais coração à vida. Gostavam de meu lado feminino e o expressavam trazendo-me presentes. Agora tinha em mim uma figura masculina que me apreciava como mulher. Eu não precisava mais ser a filhinha doce e inocente nem a mulher-maravilha, supercompetente. Tampouco estava o masculino reduzido mais a apenas pai e filho. Existia agora também um homem amoroso.

Gostaria de partilhar com você minha fantasia do "homem com coração", que é a figura masculina *interior* positiva que uma relação saudável com o pai oferece. Em primeiro lugar, é atencioso, carinhoso e forte. Não teme a raiva, a intimidade nem o amor. Consegue enxergar além do encantamento sedutor, além das aparências artificiais e defensivas, e enxergar o essencial em mim. Fica a meu lado e tem paciência, mas também tem iniciativa, confronta e se adianta. É estável e tolerante. Sua estabilidade vem do fato de fluir com o fluxo da vida, de estar presente no momento. Brinca e trabalha, e desfruta ambos os modos de ser. Sente-se à vontade onde estiver — no espaço interior e no mundo exterior. É um homem da terra — instintivo e sensual. É um homem de espírito —

flutuante e criativo. Ama a natureza: os animais, os pássaros, as flores, a mata e os campos montanhosos, os rios e o mar. Ama as crianças e a criança interior. Harmoniza-se com as estações cíclicas do ano. Deleita-se com as primeiras floradas da primavera, estende-se ao sol de verão, amadurece com as cores do outono e aprofunda-se no silêncio nevado do inverno, para mais uma vez se abrir com a chegada da primavera. Ama a beleza: a arte, a palavra e a música. Talvez até cante ou toque violino ou baixo. Adora os ritmos da vida. É a alma gêmea, o amigo e o amante íntimo que acompanha a mulher em sua jornada, em sua aventura pela vida.

II
A MÁGOA

Você, papai, de pé, contra o quadro-negro,
Na imagem que guardo de você.
O furo no queixo em vez de no pé.
Demônio do mesmo jeito, não
nem um pouco a menos que o negro que

mordeu meu coração vermelho e o partiu em dois.
Tinha dez anos quando te enterraram.
Aos vinte, tentei morrer
e voltar, de novo, outra vez, para você.
Pensei que até os ossos serviriam.

Eles me tiraram de dentro do saco,
me montaram e grudaram de novo com cola.
Então eu soube o que tinha a fazer.
Fiz um modelo de você,
um homem de preto com cara de Meinkampf.

Amante do suplício e da tortura.
Eu disse eu faço, eu faço.
Por isso, papai, finalmente acabou.
O telefone preto, arrancado pela raiz,
as vozes não podem mais rastejar pelo fio.

Se matei um homem, matei dois.
O vampiro que disse que era você
e que durante um ano bebeu meu sangue,
sete anos, se você quer saber.
Papai, você pode descansar agora.

Há uma estaca enterrada em seu coração negro e gordo
e os aldeões jamais gostaram de você.
Estão dançando e marcando passo em cima de você.
Sempre souberam que era você.
Papai, papai, seu desgraçado, acabou.

Sylvia Plath
"Daddy" (Papai)

CAPÍTULO 6

IRA

*Dize aos homens corretos
do mundo
que eles devem colher
teu ódio maduro
e arar o campo da tua fúria
antes de poderem ver teu rosto.*

Cecil Bødker

A ira pode libertar a mulher ferida porque sua chaga tem um centro que queima, dói como uma ferroada, arde. Algumas mulheres reprimem a mágoa e a raiva que a acompanha. Depois, essa raiva se volta para dentro, talvez na forma de sintomas físicos ou de idéias depressivas de suicídio, que paralisam suas vidas e sua criatividade. Outras permitem que sua ira se expresse, mas, com isso, passam por cima das pessoas; em sua mágoa, magoam-nas. Independente da direção que a ira tomar, estará fora de foco, disforme, e será explosiva. Tem, contudo, uma poderosa reserva de energia que, sendo bem utilizada, poderá liberar seu potencial como mulheres. A ira pode ser uma força essencial para redimir o pai e transformar o feminino.

O sonho seguinte ilustra, de modo dramático, a força plena da ira que muitas mulheres precisam confrontar em si mesmas, e também expõe a estrutura do masculino interno, quando se encontra destrutivamente cindido em duas dimensões opostas e desvinculadas.

"Eu e um amigo íamos andar a cavalo. Encontramos os animais perto de um estábulo estranho. Minha égua castanha estava arreada e pronta, mas arisca e abandonada. Ao me aproximar dela, começou a correr e se afastar, no entanto, pisou nas rédeas e sua cabeça deu de encontro ao bocado. De repente, entrou em pânico e teve um acesso de ira, me escoiceando com as patas traseiras. Agora estava do tamanho de um gigante e era meio humana; vi que estava louca. Agarrou uma menina que estava por ali e a apertou até esmagá-la, como a gente faz quando aperta um salsichão para fora da casca. A menina morreu. Depois a égua veio na minha direção com fúria selvagem. Olhei para meu amigo buscando ajuda, mas ele estava tão horrorizado e impotente que só conseguiu vomitar. Chamei o cavalariço, porém ele não me deu a menor atenção. Acordei aterrorizada, enquanto aquela égua castanha enlouquecida avançava contra mim".

A força e a intensidade da ira mostram-se inconfundíveis nessa poderosa imagem da égua castanha gigantesca, psicótica, meio humana. O sonho também mostra claramente duas modalidades inadequadas de reações masculinas: a figura brutalmente indiferente do cavalariço e o amigo sensível, mas incapaz. Não há uma única figura masculina de salvador nesse sonho. A outra figura, afora a da sonhadora, é a de uma menininha impotente, sem substância. Não tem um centro verdadeiro e, por isso, pode ser espremida para fora de sua pele, como uma mulher desprovida de força interior autêntica que pode se desestruturar se for diretamente confrontada. À sonhadora resta enfrentar a égua castanha enlouquecida cara a cara. Para a sonhadora, esse animal era uma imagem da paixão descontrolada de seu pai e de sua fúria quando perdia a cabeça. Representava também sua própria paixão e sua ira. O cavalariço era um lado brutalmente indiferente de seu pai, e o amigo incapaz era a dimensão fraca e sensível. Entretanto, esses aspectos também existiam nela, embora ineficazes para enfrentar a energia furiosa que sentia em seu íntimo. Na época do sonho, o cavalariço brutalmente indiferente, na forma de um juiz interno perfeccionista, estava no controle e tinha acabado de deixar cair as rédeas. A antiga adaptação de ego estava no fim. O amigo, homem sensível, ainda era uma figura subdesenvolvida em seu interior; não tinha força suficiente para ajudá-la. Assim, a energia estava presente com grande intensidade, mas ainda sem direção; daí o estado descontrolado e perigosamente frenético. Por ter presenciado os freqüentes acessos de fúria de seu pai, quando ficava descontrolado e incapaz de interagir com o mundo, tinha um medo terrível desse lado em si mesma. Tinha medo de um esgotamento nervoso, de um dia enlouquecer, e sofria de violentos ataques de ansiedade. Quando criança, tinha pouca proteção contra o pai descontrolado e, por isso, recorria a um rígido sistema de defesa que a protegia da força desses sentimentos e paixões. Disso resultara uma menina impotente e pronta a agradar, destituída de substância própria, com uma persona que não ia além da pele e não suportava qualquer estresse, pois poderia ser facilmente espremida para fora de si mesma. Quando o cavalariço brutal e indiferente deixa cair as rédeas que estavam controlando o animal, a menina sem substância está fadada à destruição. Algo de novo precisava acontecer com toda aquela energia enfurecida. A sonhadora precisava enfrentá-la em nível consciente e de modo direto! Era preciso que deixasse emergir seu lado apaixonado e fogoso, assumindo a responsabilidade por ele e aprendendo a direcioná-lo.

A égua castanha enfurecida simbolizava a energia selvagem e sem direção, e a sonhadora estava aterrorizada com isso. O medo da ira é comum em muitas mulheres. Se seu próprio pai foi consumido por ela, então a filha fica diante da ira paterna insolúvel. Ela sentiu na pele o que era o pai ter perdido a cabeça com seus ataques de ira, porque ele a aterrorizava diretamente. Pode ter ocorrido também que a ira do pai tenha sido suprimida, ou de modo passivo e não-assertivo, ou por meio de um rígido controle. De qualquer modo, não havia ali o modelo de uma relação correta com a ira. Nem a supressão, nem explosões descontroladas de ira podem servir como canal eficiente para toda a força dessa energia. O pai, irado, trai o arquétipo paterno na medida em que a ordem, a estabilidade e a relação de confiança com o mundo, normalmente vividas através de sua figura, estão comprometidas. A relação da mulher com a sexualidade e com as forças criativas do inconsciente também sofre uma ameaça constante. O "outro", o "desconhecido", passa a ser amedrontador em vez de fascinante. Toda a energia criativa liberada pela sexualidade e pelo desconhecido misterioso é suspeita e, muitas vezes, paralisada. Afora isso, se a mulher tiver sentido que a raiva em seu pai era patológica, também suspeitará da anormalidade de sua própria raiva. E, para evitar o confronto com tal força poderosa e possivelmente patológica, o mais provável é que oculte sua ira.

A ira pode ser mascarada de várias formas, como, por exemplo, através de vícios. Com álcool, essa emoção pode explodir quando a pessoa se embriaga, mas sem a consciência e a aceitação responsável dessa vivência. O excesso alimentar pode ser outro caminho para "agir arbitrariamente". A raiva em geral está oculta no corpo. Muitas mulheres sofrem de hipocondria, e sentem-se fracas e doentes quando na realidade há toda uma energia em suspenso acobertada. Dores de cabeça, nas costas, úlceras, colite, problemas estomacais normalmente desaparecem quando resolvem aceitá-la. A depressão, estado em que toda a energia parece sumir, é outra armadilha. Ataques de ansiedade podem encobrir a raiva que faz a pessoa tremer de impotência. A propensão suicida disfarça uma raiva assassina voltada contra si mesmo e, na forma de chantagem emocional, vela sua presença contra terceiros. Muitas mulheres disfarçam esse sentimento com sedução e/ou rejeição sexual. Algumas provocam a raiva alheia, fazendo com que o outro a manifeste em seu lugar. A atitude cínica e amarga das mulheres que "abusam do homem sem reservas" é uma forma de devolver-lhes a dependência que insistem em alimentar nelas próprias. Em geral, essa vingança assume a forma de um consumismo compulsivo que lhes absorve tempo e energia. Sentimentos obsessivos de culpa também encobrem a raiva, pois são como espancar-se o tempo todo. Outro meio habitual de encobri-la vem através de uma atitude intelectual de "sabe-tudo" que intimida os outros, ou de um ataque crítico que não vai realmente ao alvo, no plano emocional, e deixa a outra pessoa desarmada. O martírio, o ascetismo, uma ética profissional puritana, o orgulho diante do próprio senso de dever e responsabilidade podem ser maneiras de ocultar a própria raiva, assim como a postura impudente e hipócrita que permite dizer ao outro "Sou quem sou", enquanto teme, por baixo, o tempo todo, o risco de expor a própria vulnerabilidade.

As mulheres pueris costumam temer a ira incendiária da auto-afirmação. É por isso que tantas vezes chegam a extremos para aplacar o outro e adaptar-se, ocultando a própria raiva por trás de uma máscara social agradável; nelas, a raiva emerge em alguma das modalidades acima citadas. O preço disso, no entanto, é sentirem-se alienadas de si mesmas e ludibriadas no final das contas. Por darem sua energia aos outros, esvaziam-se e perdem a noção de seu próprio eixo, sentindo-se fracas e impotentes. A ira também pode ser suprimida por meio de uma couraça de amazona que tenha a aparência de força no nível externo, que crie uma barreira entre a pessoa e os outros. A sua face positiva, porém, fica perdida porque a couraça está no meio do caminho. Em ambos os casos, precisa ser reconhecida e liberada, para depois poder ser transformada.

É comum que, quando há uma grande ira decorrente de uma relação negativa com o pai, ela também seja vivenciada com o parceiro amoroso. Ocorre que, em muitas situações, fica difícil enfrentar a raiva habitual, como nos exemplos seguintes. No último dia dos namorados, três mulheres com quem trabalhei tiveram experiências parecidas: todas foram, de um jeito ou de outro, negligenciadas pelos namorados. Todas ficaram magoadas e enraivecidas. Uma se embriagou e irada mandou o namorado embora. Outra conteve a raiva e entrou num profundo estado de depressão e desesperança. A terceira teve um ataque histérico. Nenhuma dessas maneiras de expressar a raiva foi eficiente. Nenhuma delas sentiu ter de fato atingido o homem. Todas elas foram incapazes de dirigir sua raiva em nível consciente com eficiência, porque havia no passado a ira sem solução e a ausência de um modelo adequado que lhes pudesse demonstrar como enfrentar a situação. Devido à presença dessa ira não-integrada, que vinha desde a infância, não puderam enfrentar a raiva presente, desencadeada pelos parceiros. Quando esse sentimento não está conscientemente integrado, é comum que resulte num ataque inconsciente contra o parceiro, criticando-o sem piedade e destruindo toda possibilidade para o amor.

Por trás da ira em geral estão as lágrimas, como no caso dessas três mulheres. Por baixo dela existe a vulnerabilidade e a possibilidade da ternura e da intimidade. Às vezes, devido à rejeição e ao abandono sentidos a partir da ira do pai, as lágrimas e a ternura ficam veladas, junto com a raiva. Por isso, se a mulher puder aprender a se relacionar com sua raiva, o vínculo poderá revelar seu lado mais terno e possibilitar relacionamentos íntimos. É muito freqüente que, depois de poder expor sua raiva em relação ao parceiro, a mulher fique sexualmente mais aberta. Nessa medida, a raiva pode permitir uma experiência amorosa mais plena tanto em nível físico como emocional.

Às vezes, a raiva vem da mãe. Nesses casos, o pai costuma ter medo de sua própria reação e não enfrenta sua mulher. O pai de Rene sacrificou-a dessa forma, sendo por demais cordato e gentil. Não fez frente à raiva da mãe e a suas tendências autodestrutivas. Amava a filha, mas isso só tornava a mãe mais ciumenta. Como o pai, a filha tentava agradar, e esse se tornou seu padrão; porém, não importava o quanto tentasse, nunca conseguia satisfazer sua mãe. Rene tinha um medo particular da raiva de sua mãe. Quando era adolescente, sua mãe tinha começado a beber bastante, tornou-se mais hostil, passou por algumas tentativas de suicídio e, por fim, teve um esgotamento nervoso. Nessa época, o pai não era uma força ativa dentro de casa e não impôs limites ao comportamento de sua mãe. Era incapaz de dizer: "NÃO! Não aceito isso de você!".

Rene enfrentava essa situação procurando figuras fora da família que substituíssem a mãe, e sendo muito adaptável, agradável e responsável. No fundo, porém, tinha medo de ser como a mãe. Sua personalidade agradável e encantadora funcionou bem enquanto estava na casa dos vinte e início dos trinta, quando se casou com um homem mais velho que era um "eterno menino". O relacionamento era agradável e nunca discutiam, mas não havia profundidade; por fim, os dois se desinteressaram. A partir daí, envolveu-se com um tipo muito diferente de homem; pessoa muito prática e que a criticava quando exagerava em suas atitudes sociáveis e não comparecia aos compromissos na hora, ou não fazia as coisas direito. Havia muitas brigas nessa relação. Embora ela o amasse profundamente, não conseguia lidar com a raiva dele nem com a sua e, enfim, veio fazer análise. Seu padrão para agradar não funcionava com essa relação, e ela percebeu que teria de aprender a lutar para defender-se. Lutar em segredo, contudo, assustava-a, pois tinha receio de tornar-se como sua mãe.

Seu pai não a havia preparado nem orientado para enfrentar a agressão. Como modelo, só tinha a raiva histérica de sua mãe, que com isso havia tiranizado a família toda. Nesse período, teve um sonho em que ela e o pai eram prisioneiros de ferozes soldados medievais e foram lançados num poço onde presenciaram juntos uma horrível e sangrenta batalha que se desenrolava acima de suas cabeças. Esse sonho simbolizava a ira incontrolável e primitiva de sua mãe e a impotência que ela e o pai sentiam diante de tal fúria.

Quando era confrontada com raiva, entrava numa profunda depressão e, como sua autoconfiança era baixa, costumava atribuir a si a culpa pela briga. Começou a compensar isso tornando-se cada vez mais responsável e perfeccionista, tanto em suas relações como em seu trabalho. Era comum impor-se metas impossíveis e comprometer-se a fazer tantas coisas que acabava não conseguindo realizar todas as suas obrigações. Em conseqüência disso, ficava muito ansiosa e agitada, e temia ter um colapso sob o peso de tantas pressões. Por trás disso tudo, havia o medo de que fosse como sua mãe e que acabasse tendo um esgotamento nervoso, ficando incapaz de fazer qualquer coisa. Eu sentia que essa ansiedade, decorrente de sua tendência a agradar e a desdobrar-se exageradamente para evitar a raiva, ocultava uma ira que nunca havia aprendido a enfrentar. Tendo presenciado apenas a histeria de sua mãe e a impotência de seu pai, não tinha aprendido qualquer modelo de controle. Sofria ainda de falta de confiança, duvidava de seu valor como pessoa e, por isso, tinha medo de afirmar-se. Para ela, era preciso enxergar o valor que havia na ira que tanto temia. Rene precisava também impor limites a si mesma e aos outros e dizer: "NÃO! Isso eu não posso fazer!". No entanto, para tal era preciso que valorizasse a si mesma.

Os sonhos ofereceram-lhe uma imagem. Num deles, uma rainha russa vestida com muita elegância estava sentada com toda a pompa dentro de uma carruagem puxada por quatro magníficos e elegantes cavalos. Essa rainha era uma mulher que sabia o que queria e que não tinha medo de afirmar-se e exigir seus direitos. Sabia como controlar e dirigir a energia dos cavalos para que fossem onde desejava. Antes, no sonho, Rene tinha tido de enfrentar um gorila imenso que a estava perseguindo; foi depois de ter atravessado esse confronto que pôde ver a rainha. A significação simbólica desse sonho era que, enfrentando a força poderosa do gorila — sua agressividade — tornava-se capaz de entrar em contato com o poder real da rainha que guardava em seu íntimo.

Essa mulher também estava distanciada de seu poder natural de raiva, de sua "força Kali". Kali é a deusa hindu da criação e da destruição. Sua ira pode destruir, mas também criar. E, assim, pode oferecer o combustível para a transformação; o poder da ira de Kali simboliza o poder que muitas mulheres precisam desenvolver em si mesmas: o poder de se afirmar, de estipular seus próprios limites e de dizer "não" quando necessário[1].

A raiva também pode liberar o espírito. Às vezes é necessário enfurecer-se contra "Deus", contra as forças trágicas do destino, para elevar a consciência a um nível mais alto. Segundo Jung, quando Jacó, após anos e anos de sofrer resignadamente, deu vazão a sua fúria contra a injustiça de Deus, a consciência de toda a humanidade, e da divindade também, entrou num estágio mais elevado[2]. Segundo minhas próprias experiências, nesse nível a raiva admite a vulnerabilidade e também as fraquezas, assim como o poder e a força pessoal; paradoxalmente, une esses opostos e, desse modo, alcança a transformação do nível prévio do ser e da consciência. Minhas próprias explosões enfurecidas contra a herança destrutiva que recebi de meu pai invariavelmente infundiam-me vigor para agir e tentar mudar esse padrão cármico negativo, na medida em que essa transformação fosse possível. Também aproximavam-me dele, porque eu sentia mais compaixão pela luta de vida e morte diante da qual, um dia, sucumbiu.

De que modo é possível à mulher ferida ligar-se a essa poderosa raiva, em lugar de ser ameaçada por ela ou aterrorizada? Como pode transformar essa emoção em energia criativa? A meu ver, existem pelo menos dois estágios: o primeiro consiste em trazer a ira à tona; o segundo, em transformar o poder da raiva em energia criativa. O conto de fadas intitulado "O rei sapo" mostra o que pode acontecer quando a ira se manifesta, e o mito "Eros e Psiquê" sugere um caminho alternativo para a transformação.

Com muita freqüência, a mulher ferida tem medo do fogo e da energia enfurecida que vivem em seu íntimo. A analogia com o modo como se enfrenta um incêndio na floresta serve perfeitamente para ilustrar a situação. Aí, enfrenta-se

---
1. Robert Bly discutiu o "poder de Kali" em muitos de seus seminários. Ann Ulanov desenvolveu a idéia por uma outra perspectiva em suas palestras sobre "a bruxa".
2. Ver C. G. Jung, *Answer to job*, Nova York, Meridian Books, 1965.

"fogo com fogo". Os indivíduos que combatem incêndios florestais ateiam outro fogo em volta do incêndio perigoso para detê-lo. Da mesma maneira, permitir que a ira se apresente num rompante emocionado pode, de fato, limitá-la, no próprio movimento de libertá-la. A ira pode ser um ato de asserção que estipula limites e delimita uma identidade dizendo: "Não vou mais suportar nada disso!". Enfrentar a ira suprimida com mais ira é o que sugere a versão dos Irmãos Grimm para o conto de fadas chamado "O rei sapo"[3].

Nessa versão, uma princesa, cuja bola de ouro tinha rolado para dentro de um poço, pede ao sapo que a ajude a recuperá-la. O sapo concorda desde que, em troca, a princesa o alimente, cuide dele e deixe que se deite com ela na cama. Assim que ela tem a bola de volta, esquece-se de sua promessa. Porém, enquanto janta com seu pai, ouve-se um nítido coaxar do lado de fora da porta. O pai pergunta quem é e, depois de saber da história do sapo, ordena à filha que cumpra a promessa. A princesa sente nojo do sapo, mas o leva para seu quarto e o alimenta. Pô-lo consigo em sua cama é por demais repugnante; assim, ela o deixa no chão. Quando o sapo cobra mais esse ato, o cumprimento total da palavra dada, ela se enfurece e o atira com toda a raiva contra a parede; no mesmo instante, ele se transforma em príncipe, que era na verdade sua natureza, antes de ter sido vítima de um feitiço.

Sua raiva é a resposta apropriada. Essa emoção liberta o príncipe de sua forma pervertida de sapo. Assim, pode ser uma atitude particularmente apropriada para a *puella*, que precisa encarar a ira, pois, ao se enfurecer, ela sente a plena força de seu próprio poder e vigor, algo que anteriormente dava aos outros. Ela ao mesmo tempo está desafiando a autoridade patriarcal. Jogar o sapo contra a parede é como devolver as projeções que não se enquadrem de verdade; por exemplo, jogar de volta a projeção negativa de que as mulheres são passivas e impotentes. Uma das constantes armadilhas para a

---

3. Irmãos Grimm, *The complete Grimm's fairy tales*, cit., p. 17-20.

puella é que aceite projeções de impotência. Ela tem força, a força do sentimento e instintividade femininos, que no entanto se degenerou e virou contra ela mesma. Pode ser que tenha raiva de ter perdido seu poder, mas, ao mesmo tempo, teme demonstrá-lo. Para evitar confrontos, consigo e com terceiros, acaba mascarando sua ira, assim, ao ficar encoberta, essa emoção perde seu impulso.

No conto "O rei sapo", a princesa assume a responsabilidade por sua raiva quando atira o sapo contra a parede. Presta atenção a seus sentimentos e a seu instinto feminino e confia neles, quando atende a sua repulsa e desobedece a ordem do pai. Na primeira vez que encontrou o sapo, era uma menininha indefesa que tinha deixado a bola de ouro rolar para longe e cair no poço, tal como tantas mulheres que perdem o acesso ao centro de energia de seu espírito feminino, e, como tal, faz uma promessa que não pretende cumprir. Como isso é verdade a respeito de mulheres que trocam sua independência pela promessa de segurança e de bem-estar material. Isso também acontece no conto "O anão amarelo", em que a princesa se sente impotente diante da ira dos leões que se aproximam e promete se casar com o anão pervertido, para que ele lhe salve a vida. Nesse conto, porém, a princesa nunca enfrenta diretamente os leões nem o anão, e está fadada à autodestruição através de seus sentimentos de impotência e autocomiseração. Em "O rei sapo" ocorre a transformação porque a princesa finalmente assume a responsabilidade por seus sentimentos femininos e os defende. Num ato de ira, redime o sapo e o transforma em príncipe. Quando se afirma e atira o sapo contra a parede, ele se torna seu parceiro amoroso. Assim, a possibilidade de um relacionamento íntimo acontece concomitante à raiva.

As mulheres de hoje precisam fazer isso não só com suas vidas pessoais, mas também em nível cultural. Há muitas mulheres enfurecidas porque seu valor feminino está sendo rebaixado. Elas precisam se afirmar com veemência, a partir de suas próprias experiências femininas, e pode ser que isso aconteça através de explosões de raiva. Alguns dos sapos culturais (as projeções e os preconceitos) precisam ser atirados contra a parede. No entanto, em última análise, essa manifestação da raiva precisa ser não apenas enfática como também bem delimitada e focalizada de modo eficiente. Essa percepção consciente da própria energia e do modo como a pessoa pensa em usá-la pode impedir que as mulheres façam essas falsas promessas que as mantêm na posição de indefesas. Na medida em que aprendem a se relacionar com sua raiva, elevam o nível de consciência da raiva cultural não-resolvida, que, em sua pior expressão, provoca guerras e perseguições.

"O rei sapo" é uma história sobre a princesa que explode, sobre a ira que pode ser o início da conscientização. Entretanto, quando as mulheres começam a tomar consciência de sua raiva, a responsabilidade se expande para dotá-la de forma e estilo. Rilke expressou esse processo muito bem num réquiem a um jovem poeta que cedeu a seus sentimentos torturantes e se suicidou.

> Oh, antiga maldição dos poetas!
> Sentirem pena de si mesmos em vez de dizerem,
> por sempre julgarem seus sentimentos
> em vez de lhes darem forma, por sempre pensarem
> que o que há de triste ou alegre em seu interior
> é o que conhecem e podem fazer caber nos poemas
> para lamentar ou celebrar. Inválidos,
> usam uma linguagem repleta de calamidades
> para nos dizer onde dói, em vez de, com esforço,
> transformar em palavras essas pessoas que são,
> imperturbáveis escultores de catedrais
> que se transpõem para a pedra e sua constância.
> Teria sido essa sua salvação. Tivessem uma vez sequer
> percebido como o destino pode transformar-se aos poucos em verso
> e nunca mais voltar a ser o que era; como, assim que nele está imerso,
> torna-se imagem, nada mais que imagem, ancestral
> que, por vezes, quando vocês o olham em sua moldura,
> parece ser como vocês e também diferente de vocês,
> teriam então perseverado[4].

---
4. Rainer Maria Rilke, *Requiem, and other poems*, trad. J. B. Leishman, Londres, The Hogarth Press, 1957, p. 140.

O mito de Eros e Psiquê sugere uma forma de ter acesso à ira e transformá-la. Nesse mito, Psiquê perdeu sua relação com Eros, seu amante, e está tentando recuperá-la por meio da realização de certas tarefas a ela impostas pela mãe invejosa, Afrodite. As tarefas parecem impossíveis e Psiquê se desespera. Uma delas exige que traga de volta o Velocino de Ouro guardado por carneiros selvagens. Por acreditar que essa tarefa seja impossível de cumprir, entrega-se à sensação de impotência e vai até o rio para afogar-se. No entanto, ouve uma voz muito melodiosa que lhe diz haver um modo de obter o Velocino e retirá-lo dos carneiros selvagens. A voz está saindo de um junco verde, delicado e simples, que emerge da água, fonte de doces melodias, e lhe diz:

> "Psiquê, atormentada como estás por tantos infortúnios, não poluas porém minhas águas sagradas sacrificando-te de modo tão medonho; nem te aproximes agora daqueles terríveis carneiros. Pois tomam do sol abrasador a força destruidora e a selvagem loucura que os ensandece e, com seus chifres pontiagudos e testas duras como pedra, às vezes até com mordidas peçonhentas, dão vazão a sua fúria para a destruição dos homens. Porém, depois que o calor do meio-dia tiver abrandado e que as bestas entorpecidas tiverem adormecido no acalanto da suave brisa do rio, poderás ocultar-te embaixo do plátano longínquo que bebe deste rio, como eu. E, assim que os animais tiverem aplacado sua fúria e aquietado sua ira, sacode as folhas do arvoredo que verás e encontrarás os fios de lã de ouro cá e lá emaranhados nos raminhos torcidos"[5].

Aqui, o segredo está em não enfrentar diretamente os carneiros selvagens, pois sua fúria é cega, desatinada e assassina. O caminho para se ter acesso a toda essa energia é aguardar com paciência e se aproximar de forma indireta. Enfrentar o poder enfurecido dos carneiros frente a frente seria o mesmo que a morte e a destruição de Psiquê. Às vezes, por força de mágoas profundas, a ira de uma mulher se torna tão explosiva que destroça todas as suas relações. Como os carneiros enlouquecidos, ela agride desmedidamente qualquer

---

5. Erich Neumann, *Amor and Psyche*, Princeton, N. J., Princeton University Press, 1971, p. 43-4.

um que se atravesse em seu caminho. Essa ira tem raízes na sensação de abandono, de traição, de rejeição, que talvez pertençam à relação com seu pai e que, muitas vezes, reaparecem depois nos relacionamentos atuais. É comum que essa ira venha misturada a sentimentos de inveja e vingança, fortes o suficiente para matar qualquer relação e destruir a capacidade que a mulher tem de também se amar. Um exemplo extremo encontramos na tragédia grega na figura de Medéia, que, traída por seu amante Jasão, mata seus próprios filhos, para vingar-se. Muitas mulheres destroem seus relacionamentos dessa forma, com constantes explosões histéricas, ou com ameaças e tentativas de suicídio. A tendência de Psiquê para o suicídio mostra que está possuída por essa agressividade mortífera que se volta contra si mesma, em seu íntimo.

Quando Psiquê aguarda até poder recolher os fios de ouro dos carneiros sem ser destruída por sua energia enfurecida, obtém acesso a sua energia criativa dourada, sem ser porém destruída por isso. Para dar forma a essa energia enlouquecida de raiva, é necessário chegar a ela em sua dimensão não-destrutiva, de tal sorte que a pessoa não seja possuída por sua intensidade. Para tanto, é preciso paciência e sabedoria, ou seja, é preciso esperar o momento certo e saber reconhecê-lo quando chegar. Se a pessoa se deixar possuir pela ira e explodir no momento errado, a energia será desperdiçada e, em geral, só irá produzir o efeito contrário. Tudo que os outros vêem é uma reação selvagem, e não o que está por trás dela. É muito importante saber o que está por trás da ira. Isso exige uma diferenciação consciente, que delimite a vivência da raiva e seus diversos elementos. Essa diferenciação elucida que parte da ira se refere à raiva não-resolvida pelo pai, e que parte é da própria mulher e sua situação. A primeira tarefa que se exige de Psiquê é que escolha, separe e classifique uma enorme pilha de sementes, diferenciando suas variedades. A pilha é tão grande que a tarefa parece impossível, mas algumas formigas operárias vêm e a ajudam a concluí-la. Às vezes, também é imensa a tarefa de diferenciar os vários elementos que compõem a ira, e isso exige muito trabalho e determinação. É uma imensa ocupação discernir quanto da ira realmente pertence a você e quanto à outra pessoa; ou localizar a ira não-resolvida pelo pai ou pela mãe, ou mesmo pela cultura. No entanto, se isso não for feito, o mais provável é que a pessoa termine na condição infernal das Danaides, na antiga história grega.

As Danaides eram cinqüenta filhas cujo pai finalmente concordou que casassem com cinqüenta primos. Porém a cada uma ele deu uma espada para que, na noite de núpcias, elas pudessem assassinar seus maridos. Quarenta e nove filhas usaram a espada para matar os maridos e então foram condenadas ao Inferno, onde tinham que encher continuamente de água um tonel sem fundo. Uma vez que esse recipiente jamais poderia ser preenchido, sua tarefa seria impossível e interminável. A qüinquagésima filha, tendo piedade do marido e sentindo simpatia por ele, ajudou-o a escapar e não foi condenada ao Inferno. Dar vazão à fúria que o pai não resolveu é ser como uma das Danaides que o pai promete em casamento ao pretendente indesejado e depois o mata pela própria ira, condenando-se, enfim, a uma existência infernal e inútil. Num nível pessoal, isso pode acontecer se a mulher estiver possuída por uma raiva não-resolvida, oriunda do relacionamento com o pai, e voltada para dentro, talvez sob a forma de suicídio ou outro comportamento autodestrutivo, com o que qualquer chance de um relacionamento está liqüidada. Em nível cultural, a ira patriarcal não-resolvida contra o feminino pode ser reavivada por mulheres que não encontraram seu próprio caminho de revalorização da feminilidade e que, ao imitarem o masculino ou a ele se ajustarem, acabam sem jamais conseguir dar uma forma à feminilidade.

Parte do processo de dar essa forma à feminilidade consiste em conter o que deve ser configurado, e, na realidade, essa é a terceira tarefa que Psiquê recebe. Aliás, é a que as filhas Danaides não souberam cumprir. Depois de recolher os fios de lã de ouro, a terceira tarefa de Psiquê é encher um vaso de cristal com a água de uma fonte que alimenta o rio do mundo subterrâneo. Essa fonte começa no penhasco mais alto de uma montanha rochosa, protegida por dragões cujas vozes advertem Psiquê a tomar cuidado, a desistir do que não pode fazer. Entretanto, uma águia nobre, enviada por Zeus, toma o vaso de cristal e, voando até o alto da montanha, enche-o com habilidade. Conter um pouco da água que corre entre o mais elevado (o topo da montanha) e o mais baixo (o mundo subterrâneo) é ser capaz de receber a fluida energia de vida, unir consciente e inconsciente, e dotá-los de uma forma. Para tanto é preciso o poder de planar nas alturas, rumo ao poder de manifestar a própria energia criativa no mundo, sem se deixar cair como presa na armadilha de vozes que dizem "cuidado, você não vai conseguir". Conter a energia e dar-lhe uma forma significa não dissipá-la numa ira amorfa, e sim afirmá-la criativamente. Isso pode acontecer como ato político, peça de arte, criação de um filho, relacionamento com outrem, e, principalmente, como a qualidade de vida da pessoa, como o ser quem se é.

O poema seguinte, "Apotheosis" (Apoteose), extravasa a modificação sofrida pela ira.

Nenhuma dor
nenhum outro sentimento
apenas o acelerar
do pulso
uma certeza
de que tudo isso
é uma coisa só
que a antiga ira
é amor e poder
e já purgada[6].

Em última análise, a transformação da ira resulta numa mulher forte que, com sua energia criativa e sua sabedoria feminina, pode contribuir para o próprio crescimento, o de outras pessoas, o da cultura. A aceitação e a transformação da ira podem liberar e revelar a força e o espírito femininos, capazes de redimir a mulher ferida e, enfim, resolver a mágoa também do relacionamento entre ela e seu pai.

6. Dwan Brett, "Apotheosis" (poema inédito).

CAPÍTULO 7

LÁGRIMAS

Existe um palácio que só se abre às lágrimas.

Zohar

As lágrimas pertencem à mulher ferida. Podem encontrar-se congeladas e formar pingentes agudos como adagas. Podem escorrer como numa tempestade capaz de inundar o chão em que pisa a mulher. Entretanto, podem cair também como a chuva frutificante que enseja o crescimento e o renascimento na primavera.

Quando estão congeladas como pingentes em forma de adaga, congelam também a mulher e suas relações. Como o olhar fixo da Medusa, essas lágrimas congeladas são capazes de transformar o homem em pedra; o coração da mulher também pode ficar duro como a pedra. Sob essa forma, as lágrimas não têm poder de redenção, porque o crescimento da alma está contido por um amargo ressentimento.

Por outro lado, lágrimas abundantes como uma inundação desmancham o chão sobre o qual se ergue a mulher. Nessa lama, vai acabar se atolando e ficando incapaz de se mover ou permanecer em pé com equilíbrio. Lágrimas de inundação podem afogar a mulher num pântano de padecimentos com feitio de autopiedade, submergindo a alma.

Embora, em última análise, lágrimas congeladas ou muito abundantes não sejam redentoras, são, no entanto, capazes de rasgar e abrir a alma. Ao lado da raiva, as lágrimas podem libertar a mulher e contribuir para sua cura e convivência com suas mágoas.

A relação ferida com o pai costuma obstruir a relação da mulher com suas lágrimas. Alguns pais, temerosos de suas próprias lágrimas, não as permitem em suas esposas e filhas. Um tema onírico recorrente em mulheres é o do pai que vende as lágrimas de sua filha. Uma das formas de ele vendê-las é alimentando uma persona agradável, encorajando a filha a ser alegre e otimista. Chorar é considerado um sinal de derrota e fraqueza. Há pais que proíbem as lágrimas, enfatizando o trabalho e a disciplina. Os pais que se afogam em suas lágrimas alcoolizadas correm o risco de fazer com que suas filhas temam chorar.

O sonho seguinte é uma demonstração do poder das lágrimas:

"Tive de substituir uma outra mulher numa apresentação musical. Era para acompanhar uma amiga que tocaria violão e cantaria. Eu não conhecia as músicas, mas tinha certeza de que poderia improvisar. Um homenzinho aproximou-se de mim no camarim antes que eu entrasse. Durante o sonho todo, não teve qualquer expressão facial. Ficava tentando dar-me vinho tinto para que eu bebesse, porque se eu derramasse alguma gota em mim estaria em seu poder. Tomei Perrier branco e senti que podia evitá-lo. Então, meu filho apareceu e o homem disse que se ele se cortasse e sangrasse estaria também sob seu poder. Disse a meu filho que tomasse cuidado, mas o homem se transformou num gatinho. Primeiro, eu disse para meu filho não tocar no animal, mas depois achei que por ele ser tão pequeno e engraçadinho não haveria problema. Meu filho brincou com o bichinho, que o arranhou. Então o gatinho se transformou de volta no homem, que declarou: 'Teu filho agora é meu!'. Fiquei zangada e, quando meu marido chegou, indaguei: 'Não é verdade, é?'. Porém, meu marido achou que o homenzinho tinha vencido. Passou algum tempo — talvez eu tenha até acordado — e o feitiço contra meu filho foi desfeito. As lágrimas quebraram o feitiço!".

Esse sonho fez parte de uma série de sonhos do "caminho das águas", em que a água redimiu aquela mulher. Antes, ela havia sonhado que estava sendo perseguida por um homem de sal que, a seu ver, simbolizava suas lágrimas ressecadas e sua propensão a ser possuída por uma dimensão masculina interna, muito exigente e insistente. Seu pai havia saído de casa quando ela estava com 10 anos. Nunca escrevera nem enviara presentes, embora ela lhe escrevesse no Natal e na data de seu aniversário. Ele a ignorava, pura e simplesmente, enquanto ela ficava tentando desculpá-lo em sua imaginação. Ao entrar na adolescência, tornou-se rebelde e adotou um modo de vida de desajustada. Usava drogas e, certa vez, numa carona, foi brutalizada e quase assassinada por um homem que a apanhou. Era "dura na queda" e forte, e, de desajustada, tornou-se uma guerreira. Por ser uma pessoa altamente intuitiva e capaz de se expressar muito bem com as palavras, tinha o costume de dizer aos outros o que havia de errado com eles e o que deviam fazer a esse respeito. Era freqüente que tivesse razão, mas, como estava fora de sintonia com sua própria vulnerabilidade e com os sentimentos que lhe permitiriam ser suave e sentir qual o momento adequado para dizer tais coisas, acabava ferindo os sentimentos alheios. Como achavam que era dura e forte, esperavam que conseguisse suportar qualquer coisa e, com isso, muitas vezes criticavam-na, esquecendo de levar em conta sua vulnerabilidade. Ela se ressentia de ser tratada dessa forma, mas era incapaz de manifestar seus sentimentos e necessidades mais profundos.

No íntimo, era tiranizada por um homem exigente que esperava dela uma incessante perfeição e esforços persistentes, e que não lhe permitia descansar. As exigências desse homem interior eram tão radicais, e pediam tanto, que ela não tinha condições de dar vida a seu talento porque não conseguia corresponder a seus ideais sobre-humanos. Lembrava-se de que seu pai fora exigente e perfeccionista: nada era bom o suficiente, tanto para agradá-lo como para conquistar seu retorno à casa. Agora, parecia estar possuída pelo mesmo perfeccionismo duro simbolizado no sonho pelo homem diabólico com expressão vazia que a queria sob seu domínio. O modo de quebrar esse feitiço era pelas lágrimas, o que significava dar vez a seus sentimentos, deixando-os vir à tona, ao invés de encobri-los com uma fachada impenetrável. Significava ir mais devagar com os outros e consigo mesma; queria dizer diminuir suas expectativas a seu próprio respeito e a de suas necessidades físicas femininas. Era ainda aceitar as feridas, as mágoas e o poder do demônio. Achava que derramar vinho tinto em si mesma seria o mesmo que reconhecer suas imperfeições e sua humilhação. Evitava isso no sonho, mas não pôde evitar que o filho sangrasse. Achava que devia aceitar a ferida que sangrava e o poder que esse homem tinha sobre ela, antes que o feitiço pudesse ser desfeito. Suas lágrimas eram um reconhecimento concreto de suas mágoas.

Em terapia, o momento de passagem para muitas mulheres pode acontecer quando elas simplesmente se soltam e choram, deixando que sua vulnerabilidade apareça, que suas feridas se mostrem. É muito comum que sintam vergonha e humilhação enquanto choram. No entanto, é esse choro que acaba sendo um grande auxílio e uma grande esperança, pois atravessa o muro de suas defesas e constata e aceita as mágoas e as feridas, processo esse que deve ser vivido e acatado antes que a cura possa acontecer. Como o disse certa mulher: "Chorar sem saber por que foi um grande alívio. Antes eu achava que sempre teria de ter uma resposta ou uma explicação. Ser capaz de chorar, na terapia, na presença de alguém que se importava, permitiu-me admitir completamente minha dor, sentir minha ferida".

Outra mulher sonhou que estava numa tempestade aterrorizante, que ameaçava submergir seu automóvel e a impedia de se mover. Entretanto, quando olhou para o céu tempestuoso, brilhava uma luz transparente. Por trás da tempestade de seus sentimentos incontroláveis havia uma luz que lhe permitiria ter uma nova visão. Essa mulher tinha sido basicamente uma filha consciênciosa, a serviço dos outros. Sua mãe era deficiente e ela precisava atendê-la; quando chorava de dor, tentava confortá-la. O pai, cuja capacidade auditiva era reduzida, afastava-se psicologicamente tanto da esposa como da filha. Não ouvia seu choro. A avó era uma juíza severa e moralista, que negava o valor dos sentimentos. A filha não recebia atendimento físico nem emocional, nem era confortada pelos três adultos da família. Seus sentimentos não eram permitidos nem considerados. Apesar disso, foi quem se incumbiu de cuidar da mãe e, quando criança, teve uma vida dedicada a servir; acabou entrando num convento onde permaneceu os vinte primeiros anos de sua vida adulta. Apesar de haver desenvolvido suas dimensões espiritual e intelectual, sua vida emocional e sexual tinha sido negada. Depois de deixar o convento, procurou desesperadamente um relacionamento íntimo. Porém seu padrão consistia em ajudar os outros, em tentar agradá-los e conquistar seu afeto. Se não lhe correspondessem em nível físico e emocional íntimo, sentia-se magoada e usada. Era preciso que viessem à tona todos aqueles anos de lágrimas negadas pela infância perdida e pela perda da intimidade emocional e física. Era preciso que ela aceitasse e sentisse a tempestade de uma vida desperdiçada antes que pudesse seguir em frente. Precisava manifestar sua própria dor, e, como o sonho o revelara, esses sentimentos tempestuosos eram sua luz-guia.

A imagem da chuva redentora, simbolizando as lágrimas da transformação, aparece nos sonhos de muitas mulheres. É também uma figura freqüente na visão poética. Rilke termina sua grande obra poética, *Elegias de Duino*, com essa imagem da chuva. Nesse trabalho, Rilke expressa o lamento da existência humana. "Quem, se eu chorasse, ouvir-me-ia entre as ordens angelicais? ... Por isso, contenho meu coração e engulo o anseio sombrio e profundo de meu soluçar"[1]. Através das dez elegias, Rilke expressa a mágoa da existência humana, o desespero, a alienação, a impotência que sentem todos os feridos, sejam eles homens ou mulheres, quando vivenciam sua transitoriedade, seus temores, sua natureza dividi-

---
1. Rainer Maria Rilke, *Duino elegies*, trad. J. B. Leishman e Stephen Spender, Nova York, W. W. Norton & Co., Inc., 1963, p. 21.

da, sua incapacidade de serem perfeitos e de possuírem o que desejam, imitadores da injustiça e da guerra em suas histórias pessoal e cultural e, finalmente, o fato da morte iminente. O próprio Rilke estava desesperado quando começou as *Elegias de Duino*. Foi preciso que dez anos se passassem para completar esse ciclo poético. No decorrer do período em que escreveu o trabalho, atravessou a ira e as lágrimas, mas, finalmente, teve uma visão do sentido de tanto sofrimento. Por fim, pôde emergir de seus lamentos para louvar, compreendendo que as dores em si fazem parte de nosso crescimento; são uma estação e um lugar necessários ao decurso do desenvolvimento. Rilke entendeu que a fonte tanto da dor como da alegria era o mesmo "córrego portador", assim como a vida e a morte são os dois lados de uma mesma totalidade. Por isso, embora nossa tendência seja pensar em dor, em depressão e em outros momentos de perda como algo que precisamos evitar, e associemos a felicidade a estados de espírito alegres e a êxitos, em última análise fazem parte de um mesmo todo. A chuva é uma imagem desse ciclo de crescimento, como o expressa Rilke quando conclui as *Elegias de Duino*, num clima de esperança e de afirmação:

> "No entanto, se estivessem despertando alguma semelhança em nós, os interminavelmente mortos estariam apontando para os amentos, pendurados nas aveleiras vazias, ou então estariam significando a chuva que cai na terra escura, no início da primavera. E nós, que sempre pensamos na escalada da felicidade, sentiríamos a emoção que quase sempre espanta quando a felicidade se despenca sobre nós"[2].

A redenção através das lágrimas ocorre no conto de fadas dos Irmãos Grimm intitulado "A donzela sem mãos"[3]. Esse conto também retrata a ferida pai-filha. Nele, um moleiro pobre e desempregado encontra um homem na floresta que lhe promete riquezas ilimitadas se ele lhe der aquilo que estiver por trás de seu moinho. Pensando que nada ali haverá

---

2. Ibid., p. 85.
3. Irmãos Grimm, *The complete Grimm's fairy tales*, cit., p. 160-5.

que seja de valor, pois só se lembra de uma macieira, o moleiro concorda, mas, como vem a descobrir logo depois, sua filha estava lá, e o homem da floresta é, na verdade, o demônio. Por isso, o pai entrega a filha ao diabo, algo que pais feridos costumam fazer com freqüência. Esse pai entra na aposta porque julga que nada tem de valor, que nada tem a perder e, por conseguinte, não está sacrificando nada. No entanto, esquece que tem uma filha, que tem valor, e, nesse esquecimento, desvaloriza-a e a si mesmo, como pai.

Quando fica sabendo do acordo, a filha toma um cuidadoso banho para se livrar das mãos do diabo. Este lhe revela que precisa ficar afastada da água, porque, senão, não terá poder sobre ela. O pai obedece ao diabo, mas, nesse ínterim, a filha chora e as lágrimas caem sobre suas mãos. Uma vez que o diabo não pode levar quem tenha chorado assim, ordena ao pai que ampute as mãos da filha e diz que voltará no dia seguinte; se este não obedecer, ameaça levá-lo no lugar dela. Aterrorizado pela perspectiva de perder a própria vida, o pai decepa as mãos da filha. Esta, no entanto, chora outra vez e as lágrimas atingem seus braços. Novamente, o diabo não pode levá-la. Dessa forma, ele não pode tê-la, e ela agora está sem mãos. O pai tenta consolar a filha aleijada, dizendo que podem viver tranqüilos com a nova fortuna. Porém, enxergando claramente a situação, a moça se recusa a ficar com ele. Em vez disso, foge sozinha para a floresta.

Eis aí uma filha que enxerga a fraqueza do pai e percebe que deve prosseguir por si. Entretanto, não ter mais as mãos significa que não pode alimentar o caminho do ego como forma de compensação. Seu choro salva-a do demônio e a distancia de seu pai negligente, conduzindo-a até a floresta virgem onde ela reza por ajuda divina e se entrega confiante às forças curativas da natureza. Um anjo vem em seu auxílio e a alimenta com a fruta de uma árvore pertencente a um rei que se apaixona por ela. Eles se casam e ele lhe dá mãos de prata. Os dois, no entanto, se separam por causa de uma guerra na qual o rei deve lutar. O diabo interfere com mensagens falsas, e novamente é preciso que a moça se vá, com seu filho recém-nascido chamado *Schmerzenreich* (rico em dores). Outra vez ela reza pedindo ajuda e um anjo oferece-lhe uma casa na floresta, onde ela permanece por sete anos. Durante esse período de espera, suas mãos crescem de volta naturalmente. Por sua vez, o rei a procura durante sete anos e, enfim, através de uma combinação de paciência e aceitação do sofrimento, os dois se reencontram.

Para mim, esse conto de fadas foi muito significativo numa época em que tomei consciência do perigo e da defesa de minha couraça de amazona. Percebi que todas as minhas tentativas de superproduções e controle para compensar as fraquezas de meu pai eram, no fundo, completamente inúteis. De repente, perdi as mãos e precisei permanecer em minha floresta de solidão e depressão, aprendendo a esperar e a confiar. Nesse período, minhas lágrimas continuaram a cair. Às vezes, eu voltava ao amargo ressentimento por uma infância que não havia vivido e pelo abandono de meu pai e de vários parceiros amorosos; então essas lágrimas se endureciam como pingentes de gelo. Em outros momentos, vinham as lágrimas de inundação que me faziam afogar como uma vítima. No entanto, junto com essas, vieram outras mais suaves que me abriram o caminho até meus sentimentos instintivos mais espontâneos, que tinham sido reprimidos há muito tempo. À medida que essas lágrimas foram suavizando minha couraça e abrindo meu coração, comecei a sentir o poder curativo da natureza, a poder expressar cada vez mais minha vulnerabilidade, e a não tentar me justificar através de meios coletivos consagrados. Quanto mais aberta e espontaneamente mostrava meus sentimentos aos outros, mais minha ansiedade e minhas defesas de controle cediam e mais os outros também se abriam comigo. Passei a perceber que meu sofrimento, minha ferida aberta, era um dos elos mais importantes que tinha com as pessoas. Não era fazendo algo de especial que obteria a redenção; era aceitando as forças curativas da natureza e aprendendo a esperar e a estar aberta ao que viesse de forma espontânea do fundo de mim mesma. Para mim, super-realizadora, isso não foi fácil. Contudo, quanto mais as lágrimas caíam em mim — até o final mesmo da redação deste livro — mais minhas mãos cresciam naturalmente de volta, e, por fim, pude começar a escrever e a falar a partir de mim mesma.

Em certo sentido, vejo que esse é o significado do fracasso de Psiquê no final da quarta tarefa, quando, após todo o trabalho de executar cada uma delas, sucumbe à poção proibida da beleza e perde a consciência, ficando impotente. Psiquê tinha realizado as tarefas para recuperar sua relação com o amante, Eros. Neumann diz que, ao tomar a poção proibida, ela atesta o poder maior da masculinidade de Eros e, ao preferir a beleza ao conhecimento, reintegra o feminino em sua natureza[4]. Muitas mulheres contemporâneas ficariam ofendidas pela suposição de que o feminino é, essencialmente, o belo. Para mim, a interpretação de Neumann reedita a cisão entre *puella* e amazona, reduzindo o feminino ao belo, apenas. Quando digo que o "fracasso" de Psiquê é um aspecto da transformação, entendo que ela esteja se rendendo a um poder mais forte da psique, quer dizer, ela está admitindo que é frágil e limitada. Esse é um reconhecimento necessário para todos os seres humanos, e não só para as mulheres, embora seu valor seja em geral revelado primeiro pelo feminino.

Da mesma forma, as lágrimas frutíferas são muitas vezes interpretadas como lágrimas de fracasso. Elas, porém, suavizam o terreno do novo crescimento e protegem o indivíduo da possessão pelas atividades demoníacas e vingativas, imunizando-o contra a perspectiva de se afogar numa passividade inútil. A espera e a aceitação ativas do sofrimento, no conto "A donzela sem mãos", vêm pelas lágrimas que a salvam tanto da passividade pueril como do controle da couraça e lhe permitem a ativa receptividade da fé, da esperança e a confiante entrega que conduz à cura. São lágrimas de transformação. Eis aí uma imagem para a mulher ferida. Primeiro, toda a dor e a ira contra a mágoa. Depois, a aceitação dessa ferida, que vem com as lágrimas de transformação, e a cura natural que pode conduzir ao amor e à compaixão.

---
4. Neumann, *Amor and Psyche*, cit., p. 123.

III
A CURA

Algum dia, emergindo por fim desta visão aterrorizante,
possa eu explodir de júbilo ao louvar os Anjos generosos!
Que nem uma sequer das claras chaves do coração
deixe de responder incandescendo aos acordes de indolentes
duvidosas ou dilaceradas! Possa aparecer um recém-descoberto
esplendor em minha face transbordante! Minha insignificante
flor do Pranto!
Quão queridas sereis para mim então, vós, Noites de Aflição!
Oh, por que não, irmãs inconsoláveis,
curvei mais ainda meus joelhos para receber-vos,
mais rasgadamente me entreguei
a vossos cabelos em desalinho? Nós que desperdiçamos as dores!
Como olhamos fixamente à distância numa triste tolerância,
tentando prever o futuro! Não são porém nada mais
que nossas folhas de inverno, nossas sombrias sempre-vivas, uma apenas
das estações de nosso ano interior — não a única
estação — também são lugar, estabelecimento, campo, solo, habitação.

                Rainer Maria Rilke
                Elegias de Duino

CAPÍTULO

8

FACETAS FEMININAS

> *Diariamente, a cada hora, devemos manter limpo*
> *o cristal para que as cores possam assumir seu lugar.*
> *Rezo para realizar minha tarefa, não me distraia agora,*
> *em nome de minha alma. Devo viver de tal sorte*
> *que a clareza produza a ordem da diversidade. Nada*
> *menos que dar tudo isto à luz servirá,*
> *pois aí está a criação de uma oportunidade*
> *para a consciência.*
>
> Florida Scott-Maxwell

Após descrever os vários estilos de vida da eterna menina da amazona de couraça, percebi que os havia experimentado em mim, todos eles, em diferentes momentos de minha vida, e que cada um daqueles modos de existência tem tanto um lado construtivo como aspectos limitantes. Ocorreu-me também que cada um tem algo a contribuir para o outro.

A imagem que vejo é a de um cristal com inúmeras facetas que quando é girado contra a luz do sol em vários sentidos emite formas singulares de iluminação. O mesmo acontece com uma mulher. Girando o cristal do *Self*, ela pode ter acesso à qualidade apropriada no momento certo.

A bonequinha queridinha, por exemplo, tem a força de ser capaz de receber dos outros. São muitas as mulheres privadas de uma vida emocionalmente rica por terem medo de receber o que os outros têm para lhe dar. Ela pode dar recebendo e pode adaptar-se e acomodar-se aos outros, permitindo dessa forma o diálogo nesses relacionamentos. É também capaz de adaptar-se ao coletivo, o que lhe facilita ser um membro contribuinte da sociedade em que vive. Quando se priva de sua própria identidade, adaptando-se ao que o outro deseja, é que sofre a perda de um relacionamento com o *Self*.

A menina de vidro tem uma força diferente. Sua ligação com o mundo interior é sensível; atravessa os reinos da fantasia e da imaginação. Embora possa ter medo do mundo exterior, no interior corre tantos riscos quanto qualquer herói. Dotada dessa capacidade, pode inspirar a criatividade em si e nos outros, caso não se entregue à sua tendência de recuar diante da vida.

A busca de desafios e aventuras por parte da despreocupada é uma força que leva a mudanças e à investigação de novas possibilidades. Tem audácia para tentar coisas novas, para explorar o desconhecido. Se não se perder na dispersão por causa de sua tendência a não permanecer em nada, pode ser um modelo de mudanças e investigações para nossa sociedade.

A força da desajustada está em sua capacidade de questionar os valores coletivos consagrados. Em virtude de sua tendência a viver a sombra, ou seja, o lado recusado da sociedade, tem um elo de ligação exatamente com aquelas qualidades que são necessárias, apesar de rejeitadas pela cultura. Se puder superar sua tendência a se posicionar como vítima e marginal alienada, pode ser uma das principais forças de transformação social.

Da mesma forma como cada estilo de vida da mulher pueril tem sua contribuição especial para a mulher como um todo, cada estilo de vida da amazona tem também seus atributos particulares que fortalecem o desenvolvimento como pessoa. A *superstar*, com sua disciplina e capacidade de vencer, mostra ao mundo a força e a competência femininas. Se essa capacidade for proveniente do cerne mesmo da mulher, em vez de funcionar como uma defesa egóica estruturada, ela desfrutará os resultados de seu trabalho e de sua criatividade, e a sociedade melhorará com suas contribuições.

A capacidade que a filha consciensiosa tem de ser responsável e de tolerar a adversidade é uma qualidade essencial à estabilidade da vida, do trabalho e das relações. Sua ligação positiva com a obediência e com a noção da lei e da ordem é algo crucial ao bom funcionamento de qualquer sociedade, organização ou relação. Se o dever e a obediência são originados por um eixo sólido e não a alienam de seus sentimentos espontâneos, ela pode contribuir com a resistência e o comprometimento necessários à realização da criatividade feminina.

A tendência da mártir para dar e sacrificar-se é essencial à vida criativa e aos relacionamentos. Historicamente, as mártires têm sido modelos de heroísmo feminino, como, por exemplo, no caso de Joana D'Arc. O sacrifício, contudo, não deve custar o *Self* feminino. Se a mártir puder aprender a ter prazer consigo e a dar a si mesma, então sua capacidade de doação e sacrifício aos outros não será mais uma prática de autonegação ou indução de culpa, e sim uma fonte de inspiração.

A rainha guerreira está sintonizada em sua ira e autoafirmação. Sabe como lutar para sobreviver e pode tomar conta de si mesma. Essa é uma qualidade necessária a todo mundo e, em particular, às mulheres de nosso tempo. Para ela, a alienação ocorre quando se esquece de seus sentimentos e suavidade feminina e quando suas lutas se transformam num ataque de metralhadora. Se a rainha guerreira puder descansar em seu cerne de mulher e afirmar-se quando necessário, pode demonstrar um caminho para o desenvolvimento da força e do poder femininos em cada mulher, e em nossa cultura como um todo.

Cada um desses modos de existência tem algo a oferecer aos outros. Gloria, que era essencialmente uma bonequinha queridinha, aprendeu a usar a assertividade da rainha guerreira para fazer frente às exigências dos outros e o espírito de aventura da despreocupada para tentar coisas novas. Era versada nas artes da desajustada para dizer *não* aos padrões coletivos que a estavam escravizando. A menina de vidro ensinou-a a ter uma melhor relação com seu ser interno, enquanto a *superstar* a incentivou a manifestar seus dotes no mundo.

Grace era uma menina de vidro. Precisava voar alto com confiança e mostrar ao mundo seu valor pessoal, como a despreocupada e a *superstar*, de modo que pudesse contribuir para a sociedade com sua forma particular de relação com a fantasia e a vida anímica. Quando se permitia ser querida como a bonequinha, abria-se ao amor e à admiração que tanto merecia. Com a desajustada aprendeu a ser ela mesma, independente do que a sociedade pudesse julgar. A rainha guerreira lhe deu forças para se afirmar. A tolerante resistência da filha consciensiosa forneceu-lhe a estabilidade de que precisava para dar uma dimensão concreta a suas fantasias, e a mártir participou com sua noção de heróica autojustificação, tão necessária no conjunto.

Juanita, a despreocupada, atualizava suas mais alucinadas intuições e ousadas reações diante do possível através de uma combinação da responsabilidade da filha consciensiosa com a força consistente da rainha guerreira, ao lado da capacidade de sacrifício da mártir. Depois de ter conhecido a menina de vidro que havia em sua personalidade, aprofundou sua relação com a alma feminina. O fato de ter aprendido a valorizar a bonequinha queridinha permitiu-lhe valorizar e comprometer-se com um parceiro.

De certo modo, a desajustada parece ser a mais difícil de todas as *puellas*, no que tange à modalidade existencial. No entanto, graças a esse tipo de relação com o social, ela o questiona e, dessa forma, pode transformá-lo com a ajuda da força da rainha guerreira, da tolerante resistência da filha consciensiosa, da capacidade de sacrifício da mártir. Jean era assim. Da bonequinha queridinha adotou um relacionamento mais receptivo com o coletivo, de tal sorte que conseguiu se relacionar com a sociedade o suficiente para modificá-la. Na despreocupada, encontrou um elo otimista com o âmbito das possibilidades que lhe permitiu ultrapassar o nível do pessimismo cínico que a vitimava. A menina de vidro deu-lhe a atenção sensível à alma que era necessária para que se tornasse terna consigo e com os outros.

Uma vez que a *superstar* costuma estar lutando o tempo todo no nível do mundo externo, Pat carecia da capacidade de retirar-se e descansar naquele espaço interno tão natural à menina de vidro. Ela precisava também ser capaz de receber, como a bonequinha queridinha, para poder desafiar a sociedade que lhe exigia desempenhos — à maneira da desajustada — e para flanar nas alturas como a despreocupada, isenta das tensões inerentes às realizações. No geral, encontrei nos estilos de vida da amazona algo que os tornava mais próximos entre si do que no caso das modalidades pueris. Dessa forma, a *superstar* é capaz de ser conscienciosa, altruísta e guerreira. No entanto, se puder aceitar essas qualidades como atributos mais importantes do que sua necessidade de vencer, eles poderão fortalecê-la mais do que sua ambição de ego.

Constance, uma filha conscienciosa, não sabia como se soltar e se divertir. Ter podido dar vazão a algumas de suas fantasias como se fosse uma despreocupada e, às vezes, se revoltar como uma desajustada foram meios eficientes para contrapor-se a sua obediência rígida. Era-lhe necessária a capacidade da bonequinha queridinha para ser adorada por suas qualidades lúdicas, mais do que por sua eficiência, e a menina de vidro mostrou-lhe como transformar sua submissão aos outros num compromisso sensível às necessidades de sua alma. A filha conscienciosa tende a deixar-se limitar pela sociedade, e por isso a assertividade da rainha guerreira ajudou Constance a contra-atacar sua inclinação a atender prioritariamente às necessidades impostas pela sociedade.

Mary era a mártir que gostava de negar a si mesma. Quando aprendeu a arte da bonequinha queridinha de receber atenção, depois de ter desenvolvido a capacidade da despreocupada para se divertir e ter aventuras, e de absorver um pouco do espírito de rebeldia da desajustada, conseguiu desvencilhar-se dos pesados encargos que vinha até então suportando com estoicismo. O prazer da vida interior tornou-se-lhe possível graças à intermediação da menina de vidro. Em virtude de sua tendência a negar a própria agressividade e a protegê-la, fazendo com que os outros se sentissem culpados por todos os sacrifícios feitos por ela, era-lhe necessário admitir sua própria assertividade do mesmo modo como o fazem as rainhas guerreiras. A capacidade da *superstar* de receber os frutos de seus esforços para vencer contrabalançou a capacidade de Mary para se negar todos os benefícios decorrentes de seu trabalho.

Jackie era a rainha guerreira dura e agressiva, e precisava um pouco da suavidade e da receptividade da bonequinha queridinha a fim de poder receber amor. A sensibilidade da menina de vidro abriu-lhe as portas da vida interior, e o ímpeto de vida da despreocupada amenizou sua seriedade. A revolta da desajustada contra os valores coletivos ensinou-lhe como defender seus próprios valores. Já por ser guerreira, Jackie tinha a resistência da filha consciencios e a capacidade de realização da *superstar*, mas precisava aprender seus recursos mais discretos. Da mártir, que sacrifica os desejos de seu ego em nome de causas superiores, essa guerreira adota o lado positivo da morte do ego em favor de um *self* mais feminino.

Relacionar-se com as diversas facetas femininas que tem em seu íntimo faz parte do percurso da mulher para se tornar uma pessoa completa, e é também um processo de cura. Para mim, a cura é como uma longa viagem. Há pouco tempo participei de uma caminhada com um amigo muito querido, cujo objetivo era escalar as Rochosas na primavera. Começamos num dia de sol quente e admiramos a beleza das faias que tremiam, e seus brotinhos. Depois começou a longa e árdua subida. Atravessamos uma floresta que parecia de gnomos e saímos numa plataforma elevada; sentíamo-nos transpassados com a grandiosidade do espaço e também com o pânico estonteante daquela altitude. A seguir, continuamos escalando e passamos por picos e campos nevados. Por fim, saímos num local circular em que o lago, a montanha e o céu estavam tão intensamente unidos que só o fato de estarmos lá era ao mesmo tempo maravilhoso e terrível. Como o dissera Rilke: "A beleza é apenas o início do terror". Havíamos escalado durante horas, tendo atravessado muitos terrenos e subido muitos níveis de altitude, e, assim que chegamos ao lago místico, cercado de grandiosas montanhas por todos os lados, começou uma tempestade. O sol sumiu, as nuvens se adensaram, começou a saraivada de granizo e, de repente, era como se nossas vidas estivessem correndo perigo.

Havíamos andado durante horas para chegar àquele local, escalando rochas e atravessando a neve, e, assim que chegamos, soubemos que era um local sagrado. Porém, só poderíamos permanecer ali uns poucos minutos, se é que pretendíamos voltar para casa a salvo. Assim, mais uma vez nos embrenhamos pelos campos e picos de neve, atravessamos a tundra alpina, cruzamos a floresta de gnomos e, finalmente, estávamos entre as faias tremeluzentes. Depois de continuar a caminhar pelo granizo e pela chuva, estávamos enfim de volta ao lar. Contudo, no mesmo momento em que chegamos de novo ao nosso ponto de partida, sabíamos que essa era uma viagem que faríamos outra vez, e também que, na vez seguinte, seria outra viagem.

A travessia do terreno em que estão as facetas femininas tem para mim a mesma qualidade de experiência. Algumas trilhas são fáceis e agradáveis, como aquele caminho pontuado pela beleza frágil das faias tremeluzentes. Há os caminhos que levam à floresta encantada dos gnomos, e também os que exigem o esforço de escalar pedras, que cobram escorregões na neve e firmeza diante da vertigem. Para chegar ao lago místico, para estar no cristal do *self*, é preciso tudo.

Creio que para mim dá-se o mesmo com a busca feminina pela totalidade. Nenhum aspecto pode ser deixado de fora. Uma mulher sentirá que um caminho é mais atraente, enquanto outra se identificará com outro. Entretanto, em última instância, precisamos crescer em todos os domínios. O percurso do homem em busca da totalidade requer um confronto semelhante com todas as dimensões, mas, aqui, detenho-me no caminho das mulheres, pois é o que melhor conheço e aquele que, culturalmente, tem ficado em segundo plano.

Como o cristal, essa viagem através das várias facetas femininas é uma outra imagem para o encontro de sua totalidade. Enfatiza as várias alegrias e sofrimentos que pontilham o caminho: a mágoa, a ferida, a cura, a luta, a vitalidade, o eterno retorno.

O desafio que a mulher tem hoje pela frente é o de girar o cristal do *self* feminino para permitir que todas essas qualidades diferentes brilhem com toda a sua força. A integração dessas muitas facetas será a base para se encontrar o espírito feminino.

CAPÍTULO
9

A REDENÇÃO DO PAI

*Se esperamos dos homens que se voltem
para suas invisíveis qualidades femininas
interiores, então parece natural
que as mulheres dêem o exemplo e
mostrem aos homens, através de suas próprias vidas,
o que "feminilidade" pode significar.*

Hilde Binswanger

"Onde estão os mitos e as histórias da busca e da coragem femininas?" — eis uma pergunta que ouço as mulheres fazerem com freqüência. Onde estão alguns dos modelos do desenvolvimento feminino? Uma história que me auxiliou em minha própria busca é um conto de fadas sobre uma menina corajosa que parte em busca de um remédio capaz de curar seu pai, cego e doente. Por meio de sua viagem, consegue devolver a visão ao pai, que então passa a dar valor ao feminino. Isso resulta em seu casamento com um homem que admira sua sagacidade, sua coragem, sua gentileza, todas as qualidades que lhe permitiram concretizar esse ato de redenção. Esse conto de fadas é originário de uma terra chamada Tadzhikistão, na fronteira com o Afeganistão ao sul, e com a

China a leste, região cuja cultura e língua são parecidas com as da Pérsia. O conto de fadas se intitula "A menina corajosa"[1].

Um velho queria muito ter um filho, mas tem três filhas e fica doente e cego. Numa terra muito distante, existe um cirurgião com um remédio capaz de curar a cegueira, e o pai se lamenta por não ter um filho que possa ir buscá-lo, pois acredita que essa tarefa é impossível para suas filhas. No entanto, depois que a filha mais velha o convence a deixá-la ao menos tentar, ele concorda. Vestida como homem para viajar, ela parte e encontra uma velha doente a quem dá um pouco de comida. A velha lhe diz que é impossível obter o remédio, pois todos os bravos rapazes que já tentaram morreram. Quando escuta isso, a filha mais velha perde toda a esperança e volta para casa. Depois, a segunda filha resolve tentar também e, embora seu pai a desencoraje, parte em viagem, vestida como rapaz. Depara com a velha doente, dá-lhe de comer, e a velha lhe revela que será muito difícil alcançar sua meta e que morrerá em vão. Desse modo, a segunda filha perde a coragem e volta para casa. Diante disso, o velho pai suspira e desabafa: "Ah, como lastimo não ser um pai de filhos homens!".

O coração da filha mais jovem sofre ao ouvir essas palavras da boca de seu pai, e ela lhe implora que a deixe ir. No começo, ele a alerta de que é melhor ela ficar em casa do que se arriscar em vão, mas, por fim, consente mais uma vez. Por isso, a filha mais jovem se veste como rapaz e parte em viagem para conseguir o remédio capaz de curar. Quando encontra a mulher, cumprimenta-a com educação, ajuda-a a limpar-se e a alimenta com boa vontade. A velha fica impressionada com sua ternura e delicadeza, mas a previne de que é melhor ficar ali ou voltar para casa, porque um rapaz tão frágil não conseguirá realizar o que tantos homens fortes e altos já tentaram em vão. A moça se recusa a voltar, e, em face de sua delicadeza e coragem, a velha revela como obter o remédio.

---

1. The courageous girl, in *The sandalwood box: folktales from Tadzhikistan*, Nova York, Charles Scribner's Sons, p. 16-25.

O médico que o possui exige que se lhe dêem as sementes de uma árvore cujo fruto tem um alto poder curativo. Essa árvore, no entanto, está em poder de Dev, um monstro terrível de três cabeças. Para chegar até a árvore, a moça deve ter atitudes gentis para com os animais de Dev e seus escravos, apoderando-se da fruta enquanto o monstro estiver adormecido. Para proteger-se, no caso de ele vir em seu encalço, a velha lhe dá um espelho, um pente e uma pedra de amolar que deve jogar para trás, por cima do ombro para impedir que Dev continue sua perseguição. Quando a filha mais jovem alcança a morada de Dev, vê que o portão está sujo e empenado, e então o limpa e o pendura corretamente pelos gonzos. Dentro da propriedade, vê cães imensos e cavalos acorrentados a várias paredes, mas a alfafa está na frente dos cães, e os ossos, na frente dos cavalos. Ela troca os alimentos de lugar e continua em frente. Encontra algumas moças que trabalham por ali e cujos braços nus estão queimados porque precisam cozinhar a comida de Dev com as mãos dentro de um forno muito quente. Ela chama as empregadas e costura para elas luvas protetoras. Em sinal de gratidão, elas lhe contam que a árvore não tem frutos, mas que há um saco de suas sementes embaixo do travesseiro de Dev. Se todos os olhos que tem estiverem abertos, isso significa que ele está dormindo e que ela pode pegar as sementes. A moça encontra Dev adormecido e pega as sementes, mas ele acorda e grita para as empregadas, os cães e os cavalos que peguem o ladrão, mandando ainda que fechem o portão. Entretanto, como a moça ajudou a todos eles, recusam-se a obedecer; por isso o próprio Dev sai para persegui-la. Ela atira o espelho pelo ombro, e ele se transforma num riacho cuja correnteza detém Dev por alguns instantes. Logo, porém, ele se aproxima de novo, e ela lança a pedra de amolar, que se torna uma montanha a deter o caminho do perseguidor. Quando mais uma vez ele a alcança, ela atira o pente por cima do ombro, e ele se transforma numa floresta gigantesca e cerrada, grande demais para que Dev a atravesse; assim, desiste da caça e volta para casa.

Enfim a moça alcança a casa do cirurgião. Por ter trazido as sementes e por ter sido um "rapaz ousado e corajoso", ele lhe dá o remédio para curar os olhos do pai e lhe devolve também metade das sementes curativas. A moça agradece do fundo do coração, e o médico a convida para ficar ali por alguns dias, como hóspede. Um dos amigos do médico, entretanto, suspeita de sua verdadeira identidade, de que é uma moça disfarçada. O cirurgião não consegue acreditar que um herói tão audaz e corajoso, que realizou um feito tão extraordinário, possa ser uma moça e, por isso, o amigo sugere que se faça o seguinte teste: colocar crisântemos brancos embaixo dos travesseiros da moça e do filho do médico, que ocupam o mesmo quarto. Se o herói destemido for uma moça, as flores murcharão, mas, se for um rapaz, permanecerão frescas. A moça, suspeitando da armadilha, fica acordada a noite inteira e, pouco antes do amanhecer, descobre que as flores embaixo de seu travesseiro estão murchas e as troca por outras, frescas e recém-cortadas. Quando o médico encontra as flores pela manhã, ambos os ramos estão viçosos, mas seu filho acordou de noite e viu o que o visitante fez; cheio de curiosidade, decide escoltá-lo até onde mora.

Ao voltar para casa, a filha encontra seu pai completamente preso ao leito pelo sofrimento, abominando o dia em que a deixou ir atrás do remédio para curá-lo. No entanto, quando ela retorna com o medicamento, ele logo fica curado de sua cegueira e de todos os outros males que o afligiam. Depois que ela lhe relata todas as aventuras pelas quais passou em sua busca do remédio milagroso, o pai chora de alegria, dizendo que nunca mais irá lamentar-se por não ter tido um filho homem, pois sua filha demonstrou a devoção de dez filhos homens e o curou. O filho do cirurgião, diante do fato de que aquela é uma moça e não um rapaz, declara seu amor por ela e lhe pede a mão em casamento. Quando a filha diz ao pai que entre eles existe um profundo elo de amizade, ele se alegra. Assim, a destemida e inteligente donzela e o filho do famoso médico se casaram e viveram felizes para sempre.

Esse conto de fadas descreve um pai doente e cego, que não consegue enxergar o valor total do feminino. Embora ame profundamente as filhas, não acredita que sejam capazes de enfrentar o mundo e que voltem com o remédio para curá-lo. A única representante do espírito feminino é uma velha doente que sabe como chegar ao remédio, mas que considera a tarefa impossível, até para homens. As três filhas querem tentar. Eis aí a imagem do pai ferido, magoado e aleijado em sua relação com o feminino, e, no entanto, somente o feminino pode salvá-lo: a velha tem o conhecimento, e as jovens têm o ímpeto e a motivação.

As filhas precisam se vestir com roupas de homem para partir em viagem, e isso mostra a baixa estima e a desconfiança em relação ao feminino. Mostrassem elas sua verdadeira identidade como mulheres e seria o mesmo que sofrerem uma derrota imediata. A primeira fase da libertação feminina em nossa cultura também exigiu que as mulheres agissem como homens para terem êxito no mundo. Elas não eram aceitas nem por homens nem por mulheres, em termos de suas típicas contribuições femininas na maioria dos setores profissionais. Embora as duas primeiras filhas tivessem desistido e voltado para casa, houve, apesar disso, um certo progresso. Estavam todas as três prontas para ir à luta no mundo e experimentar, e, embora a velha houvesse dito à primeira filha que a tarefa era "impossível", ela muda depois desse encontro e, já à segunda, diz que é "muito difícil". No momento em que lhe aparece a terceira, ela tenta inicialmente dissuadi-la, mas, depois, compartilha o conhecimento necessário à consecução da tarefa. Na medida em que as filhas insistem em tentar, a velha se torna mais otimista e, por fim, revela suas informações e sua sabedoria. Isso corresponde, num plano simbólico, ao gradual progresso feito pelas mulheres em seus esforços conjuntos para serem reconhecidas e conquistarem seus direitos. Embora a última filha ainda esteja disfarçada de homem quando a velha a ensina como obter o remédio, ela a impressiona por meio de uma combinação de atenção e delicadeza com destemida coragem, qualidades que sempre se cogita serem opostas; a cultura atribui as duas primeiras às mulheres e a outra, aos homens. Ao reuni-las numa única pessoa, a filha mais jovem mostra a possibilidade de sua integração. É através dessa integração que aprende a ter acesso ao poder interior de cura.

A árvore que dá o fruto da cura está sob o domínio de Dev, um monstro terrível. A filha mais nova tem de enfrentá-lo em sua fúria e poder de figura masculina destrutiva para obter o poder de cura. A redenção do pai parece exigir, invariavelmente, o confronto com uma ira e uma agressividade monstruosa, tanto próprias como paternas, pois ele mesmo é incapaz de integrar tais emoções em si. Em nível cultural, tem sido necessário confrontar a ira frente a frente com os pais tradicionais, para que as necessidades e valores femininos se tornem conhecidos. O meio que a filha utilizou para apoderar-se das sementes de cura em poder do monstro, no entanto, não foi um ataque frontal. Ela se mostra atenciosa, delicada, prestativa; azeita o portão (de entrada), alimenta os animais (os instintos), e protege os braços queimados das serviçais (o feminino), todos esses aspectos que o monstro negligenciou. Dessa forma, como ela ajudou a todos, eles a auxiliam em vez de obedecerem ao monstro. São também todos eles aspectos do relacionamento filha-pai que precisam ser sanados. O caminho de entrada das filhas no mundo não tem sido objeto de cuidado, os instintos femininos estão acorrentados e desprovidos da alimentação correta, e a capacidade feminina de manejar as situações do mundo (os braços) foi queimada, na medida em que as mulheres se viram reduzidas ao *status* de serviçais. Ao cuidar desses aspectos, a moça delicada e corajosa consegue as sementes de cura que estão com o monstro, mas ainda precisa detê-lo quando ele tenta recuperá-las, como acontece com muitas mulheres que inicialmente deram passos importantes no sentido de sua cura pessoal e seu crescimento e que podem eventualmente voltar a ser atacadas por forças monstruosas. Isso quer dizer que devem prosseguir com seu esforço de manutenção do desenvolvimento conquistado, não recaindo na antiga passividade. Contra a perseguição pelo monstro, ela pode se valer de recursos providenciados pela velha, que a presenteou com um espelho, uma pedra de amolar e um pente. O espelho faz com que a pessoa se veja claramente no reflexo; a pedra de amolar serve para afiar instrumentos; o pente, para desembaraçar e modelar o cabelo, que pode conferir uma identidade e uma expressão ao rosto da mulher. Quando o feminino se constitui desses elementos, tais objetos se transformam em forças naturais capazes de deter o ataque do monstro.

Embora a menina corajosa tenha se apoderado das sementes de cura em poder do monstro e as tenha dado ao médico que, por sua vez, lhe entrega o remédio para curar os olhos do pai, ainda tem mais um teste pela frente antes de poder redimi-lo. Já tem uma relação com o médico que cura, mas ainda não pode revelar que é mulher. Num determinado momento do desenvolvimento feminino, e para concretizar certas tarefas, é necessário usar sua dimensão masculina. Dadas as condições sociais, a menina corajosa teve de manter seu disfarce como rapaz para enganá-los, de modo que, por fim, pudesse ser reconhecido o valor do ser feminino. Se, nesse ponto da história, a moça revelasse que não era homem, essa informação poderia comprometer o término da tarefa: curar o pai. Isso porque foram exatamente a coragem feminina e a habilidade da mulher que o pai e a cultura se mostraram incapazes de ver. A descrença do médico de que um ato tão heróico pudesse ter sido levado a cabo por uma moça endossa essa postura. É comum que as mulheres que vêm tentando ter acesso à própria força e aos recursos desistam antes de terem ido até o fim, muitas vezes entrando numa relação amorosa e projetando sua força e poder recém-conquistados sobre o parceiro, perdendo-os assim para si mesmas. Existe essa possibilidade para a menina corajosa, pois o filho do médico é um parceiro em potencial. No entanto, ela está ciente desse perigo. A fragilidade e a fugacidade da força feminina estão simbolizadas pelas flores que fenecem, e a moça fica a noite toda acordada para arrumar flores frescas, algo que é análogo à consciência e à ação que as mulheres precisam ter para provar que sua força e sua coragem não são transitórias nem passageiras, e sim permanentes. A singularidade dessa ação é presenciada pelo filho do médico, e ele se interessa em saber mais sobre aquela pessoa, decidindo por isso acompanhá-la até sua casa. Quando a moça está novamente em casa e o pai consegue recuperar a visão, ele percebe que havia desvalorizado o poder de suas filhas e, chorando de alegria, é agora capaz de enxergar o valor do feminino, afirmando que nunca mais se lamentará por não ter filhos homens. O filho do médico, que estava nutrindo um profundo amor por esse novo amigo, depois de descobrir que se trata de uma moça, pede sua mão em casamento. Quando a moça lhe diz que existe entre eles uma profunda amizade, o pai consente jubiloso com o casamento. Assim, depois que a filha redime o pai, que passa então a ver o valor do feminino, está livre para se casar, casamento esse baseado não em projeções culturais a respeito do feminino, mas num elo mútuo e profundo de amizade e no amor e na admiração do homem pela coragem e sabedoria da mulher. A redenção do pai, tanto num nível pessoal como cultural, pode levar a esse potencial, à união madura entre o masculino e o feminino. A moça, através dessa união, pode agir de acordo com sua forma feminina original, demonstrando toda a sua força e espírito!

Nesse conto de fadas temos um exemplo de como uma filha pode curar a ferida de seu pai, e, ao mesmo tempo, estabelecer um vínculo profundo com sua própria força e coragem, com o poder de seu próprio espírito feminino, e com a relação amorosa com o masculino. De que modo esse processo de redenção do pai poderia se manifestar nos níveis pessoal e cultural?

Em nível pessoal, a redenção só é possível interiormente, pois o pai pode estar morto ou fechado a um novo relacionamento. Isso porém não diminui a importância da tarefa. Como diz o protagonista da peça *I never sang for my father* (Nunca cantei para meu pai): "A morte encerra uma vida, mas não termina um relacionamento"[2]. A relação com o pai interior ainda precisa ser transformada, senão os antigos padrões destrutivos, oriundos da relação comprometida, continuarão vigentes. Uma parte desse processo de transformação implica constatar os padrões destrutivos e identificar o modo como afetaram a vida da pessoa. Um outro aspecto acarreta enxergar o valor do pai, pois, se o indivíduo não se relaciona com o lado paterno positivo, esse nível psíquico fica isolado, não-integrado, potencialmente destrutivo. No plano cultural, a redenção do pai exige também seus aspectos positivos e negativos. Insiste na transformação dos princípios culturais vigentes, de tal sorte que tanto o feminino como o masculino sejam valorizados em sua singularidade e exerçam uma influência paritária.

Para mim, a redenção do pai foi o assunto central de meu desenvolvimento pessoal e espiritual. A relação de mágoa que eu alimentava com meu pai perturbava muitas áreas importantes de minha vida: minha feminilidade, minha relação com os homens, a ludicidade, a sexualidade, a criatividade e uma postura confiante diante do mundo. Como terapeuta, constato que estabelecer uma nova relação com o pai é uma questão importante para qualquer mulher cuja vivência nesse nível tenha sido pontuada pela mágoa. Na dimensão cultural, creio que seja uma questão para todas as mulheres, pois a relação com os pais culturais no comando precisa sofrer uma modificação.

Em minha própria vida, a redenção paterna foi um longo processo, que começou quando entrei em análise junguiana. Com a ajuda de uma analista delicada e compreensiva, que serviu como continente amoroso e protetor para as energias que vinham à tona, entrei numa nova dimensão, no mundo simbólico dos sonhos. Lá encontrei aspectos de mim mesma que nunca suspeitara existirem. Também ali descobri meu

---

2. Robert Anderson, I never sang for my father, in *The best plays of 1967-1968*, Nova York, Dodd, Mead and Co., 1968, p. 281.

pai, que há muito tempo eu havia rejeitado. Havia em mim, como vim a perceber, não só meu pai pessoal como eu o recordava. Havia uma diversidade de figuras paternas, imagens do Pai arquetípico. Esse pai tinha mais fisionomias do que jamais imaginara, e essa percepção era atemorizante. Assustava-me e também me dava esperanças. Minha identidade de ego, minhas idéias a respeito de quem eu era, desmoronaram. Existia em mim um poder mais forte do que o conscientemente admitido pelo *self*. Era um poder que sobrepujava minhas tentativas de controlar a vida e os acontecimentos à minha volta, como uma avalanche modifica a face de uma montanha. Daí em diante, minha vida exigia que eu aprendesse a me relacionar com essa força maior.

Enquanto rejeitava o pai, recusava meu poder, já que essa rejeição acarretava a recusa de suas qualidades positivas ao lado da das negativas. Por isso, junto com a irresponsabilidade e com a dimensão irracional que eu havia negado, perdi o acesso até minha criatividade, espontaneidade e sentimentos femininos. Meus sonhos insistiam em apontar essa verdade. Um sonho mostrava que meu pai era muito rico e possuía um grande templo palaciano no Tibete; outro que era um rei espanhol. Essas imagens contradiziam o homem pobre e degradado que eu tinha conhecido como "pai". Até onde iam minhas forças, meus sonhos demonstravam que eu também as estava recusando. Em certo sonho, um cachorro mágico me conferiu poderes para produzir opalas mágicas. Fiz as opalas e as tinha na palma da mão, mas depois as distribuí e não guardei nem uma sequer para mim. Noutro sonho, um professor de meditação afirmava: "Você é linda, mas não o reconhece". Uma voz me revelava, noutro sonho: "Você tem a chave para o conhecimento intermediário e deve pegá-la". Acordei gritando, porém, aterrorizada, que não queria aquela responsabilidade. A ironia era que, embora criticasse e odiasse meu pai por ter sido tão irresponsável e permitido que seu potencial se desperdiçasse, eu estava fazendo a mesma coisa. Não estava realmente valorizando a mim mesma e ao que podia oferecer. Em vez disso, alternava-me entre a *puella* frágil, agradável e indigna de confiança, e a amazona de couraça, conscienciosa e empreendedora.

Em virtude de minha rejeição do pai, minha vida estava repartida em várias figuras conflitantes e desintegradas, todas elas tentando manter o controle. Em última análise, isso leva a uma situação explosiva. Por muito tempo, fui incapaz de aceitar a morte dessas identidades individuais em favor de uma unidade desconhecida maior que poderia fundamentar minha mágica — a base misteriosa de meu ser que, posteriormente, reconheci ser a fonte da cura. Assim, vivenciei esse fundamento poderoso de meu ser na forma de ataques de ansiedade. Uma vez que não estava me entregando de boa vontade e sem medo aos poderes maiores, estes me tomaram de assalto e mostraram sua expressão ameaçadora. Atacavam-me súbita e repetidamente no cerne de meu ser, abalando-me para que eu perdesse meus padrões de controle, como choques elétricos que abrem uma mão cerrada. Agora eu sabia como serviam pouco minhas defesas. De um momento para outro, estava frente a frente com o vazio. Perguntava-me se isso não teria sido o que meu pai também vivera e se seu alcoolismo não tinha sido uma tentativa de proteger-se de tal ataque. Talvez "o espírito" do álcool que governava sua pessoa fosse um substituto para os espíritos maiores, e talvez mesmo uma defesa contra eles, pois estavam muito próximos. Já que eu havia negado qualquer valor a meu pai depois de ele ter se "afogado" no domínio dionisíaco irracional, precisava aprender a valorizar aquela área rejeitada abrindo mão da necessidade de controle. Isso exigia que eu vivesse o lado negativo, que mergulhasse no caos incontrolável de sentimentos e impulsos, nas escuras profundezas onde se ocultava o tesouro desconhecido. Por fim, a redenção do pai exigiu que eu entrasse no mundo subterrâneo, que desse valor a essa região rejeitada de mim mesma. Isso me levou a honrar os espíritos. A análise junguiana fez com que tudo acontecesse, e a redação deste livro aprofundou o processo.

Escrever tem sido uma forma de redimir o pai. Quando criança, sempre quis ser escritora. Ter enfim corrido o risco de colocar no papel as coisas que entendi exigiu de mim muita auto-afirmação e coragem. A força da palavra escrita demanda do autor que a endosse. O livro requereu concentração, focalização e compromisso com o relacionamento que tive com meu pai. Precisei realmente vê-lo, tentar entendê-lo em sua versão de nossa história, em seu desespero e em suas aspirações. Eu não poderia mais afastá-lo de minha vida como se me fosse possível escapar por completo ao passado e a sua influência. Tampouco me era mais possível culpá-lo por meus problemas. Depois de escrever, nos pusemos de repente cara a cara. Como Orual, em *Till we have faces*, quando olhei no espelho, vi o rosto de meu pai. Isso foi incrivelmente doloroso, porque ele havia sido dotado do lado sombrio de minha existência, de tudo que era escuro, aterrorizante, mau. O estranho, porém, era que também funcionava como uma fonte de luz e de esperança, porque, em toda essa escuridão, brilhava a luz criativa dos poderes imaginativos do mundo subterrâneo. Eu também sentia a força da energia masculina. Cerca de um ano após eu ter começado este trabalho e a realmente enfrentar meu pai, tive o seguinte sonho:

> Vi umas papoulas lindas, esplêndidas em suas tonalidades de vermelho, laranja e amarelo, e desejei que minha mãe-analista estivesse ali comigo para vê-las. Atravessei o campo de papoulas e cruzei um córrego. De repente, estava no mundo subterrâneo, sentada num banquete, à mesa, em companhia de vários homens. O vinho tinto era servido com generosidade, e decidi tomar outro copo. Ao fazê-lo, os homens se ergueram para brindar à minha saúde e me senti repleta e iluminada, diante de sua afetuosa homenagem.

Esse sonho assinalou minha iniciação no mundo subterrâneo. Eu havia passado do mundo iluminado da mãe para o domínio do amante-pai sombrio, mas lá também fui homenageada. Era evidentemente uma situação incestuosa, no entanto, para mim, necessária. Parte do papel do pai, segundo Kohut, é deixar-se ser idealizado pela filha e, depois, aos poucos, deixá-la constatar suas limitações realistas sem afastar-se dela[3]. Claro

---
3. H. Kohut, *The analysis of the Self*, cit., p. 66.

que, com a projeção ideal, vai um amor intenso. Em meu desenvolvimento particular, o amor se tornou ódio, e, por isso, o ideal anterior associado a meu pai foi rejeitado. Tive de aprender a amá-lo de novo para que pudesse refazer a ligação com sua faceta positiva. Tive de aprender a valorizar o lúdico, o espontâneo e o mágico em meu pai, mas também enxergar seus limites, e precisei ver como os aspectos positivos poderiam ser atualizados em minha vida. Amar o Pai-ideal permitiu-me amar meu próprio ideal e realizá-lo em mim. Para tanto, foi preciso primeiro enxergar o valor de meu pai e depois constatar que esse valor me pertencia. Isso rompeu o vínculo inconsciente incestuoso e me libertou para uma relação pessoal com os poderes transcendentais em meu *Self*.

Para filhas magoadas que têm uma relação deficiente com outros aspectos do pai, os detalhes da redenção podem variar, mas a questão central permanecerá a mesma. Redimir o pai exige que seja reconhecido o valor que ele tem a oferecer. Por exemplo, a filha que reage contra um pai muito autoritário deverá ter problemas de aceitação de sua própria autoridade. É possível que sua adaptação seja um ato de revolta. Para ela, é preciso ver o valor em sua própria responsabilidade, na aceitação de seu próprio poder e força. É preciso que valorize o limite, que chegue até a altura onde está e enxergue suas fronteiras, sabendo quando se torna excessivo. Precisa saber quando dizer não e quando dizer sim. Isso significa ter ideais realistas e conhecer os limites pessoais e os da situação. Em termos mais freudianos, precisa atingir uma relação positiva com o "superego", com a voz interior da valorização, do julgamento responsável e da tomada de decisões. Quando construtiva, essa voz não é nem crítica nem severa, nem condescendente demais, e por isso pode ver e ouvir com objetividade o que existe. Certa mulher expressou-se desta forma: "Preciso ouvir a voz do pai dentro de mim, dizendo-me com delicadeza que estou fazendo tudo direitinho, mas também me apontando quando ultrapasso a linha". A redenção desse aspecto paterno significa a transformação do juiz crítico, que proclama a pessoa "culpada" o tempo todo, e do advogado de defesa, que responde com justificações. Em vez dessas figuras, haverá um árbitro objetivo e amoroso. Isso representa ter o próprio sentido interno de valorização, em vez de buscá-la na aprovação externa. Em lugar de cair como vítima na armadilha das projeções culturais coletivas que não servem, indica conhecer-se a si mesmo e dar vida concreta a suas possibilidades genuínas. No nível cultural, exprime valorizar o feminino o suficiente para que ele confronte a visão coletiva do que "se espera" que seja o feminino.

As filhas que têm uma relação "positiva demais" com o pai têm ainda outro aspecto paterno a redimir. Nesse caso, é bastante provável que estejam ligadas a ele por uma superidealização do mesmo e por alimentarem a projeção de sua própria força paterna interior no pai externo. Muito freqüentemente, suas relações com os homens são limitadas, porque nenhum outro pode equiparar-se ao pai. Nesse caso, estão presas a ele da mesma forma como as mulheres que se ligam a um "amante imaginário". (É comum que uma relação idealizada com o pai seja desenvolvida num plano inconsciente, quando ele está ausente.) A relação por demais positiva com o pai pode levar a mulher a privar-se de relações reais com outros homens e, muitas vezes, também a distanciar-se de seu verdadeiro talento profissional. Ao ver o pai externo através de um prisma tão idealizado, essa mulher não consegue dar valor a sua própria contribuição ao mundo. Para redimir o pai em si mesma, é preciso que reconheça seu lado negativo. É preciso que encare seu pai como um ser humano, e não como uma figura idealizada, a fim de internalizar em si o princípio paterno.

Sob muitos aspectos, o conto de fadas "A Bela e a Fera" conta a história dessa espécie de redenção. A Bela amava demais seu pai! Contudo, por ter pedido um presente tão simples como uma rosa, que o pai teve de roubar do jardim da Fera, a Bela teve de partir e ir morar com a Fera para salvar a vida do pai. Para ela, isso era tremendamente assustador. Depois, porém, que aprendeu a valorizar e amar a Fera, esta se transformou em sua potencialidade original como Príncipe, e a vida do pai foi salva.

Em última análise, redimir o pai implica remodelar o masculino interior, ser o pai dessa dimensão pessoal. Em vez do "velho pervertido", do "menino rebelde e zangado", as mulheres precisam encontrar "o homem com coração", o homem interior que tem uma relação positiva com o feminino.

A tarefa cultural das mulheres de hoje envolve o mesmo processo. O valor do princípio paterno precisa ser visto, e seus limites também precisam ser reconhecidos. Parte dessa tarefa implica discriminar o que é essencial e o que foi artificialmente imposto pela cultura. Com grande freqüência, o princípio paterno foi repartido em duas metades conflitantes e opostas: o dominador rígido, velho e autoritário, e o eterno menino, divertido mas irresponsável. Na cultura ocidental, o lado autoritário do pai foi valorizado e aceito de modo consciente, e o lado lúdico e infantil, reprimido ou desvalorizado. No plano cultural, esse processo resultou numa espécie de situação como a que encontramos em *Ifigênia em Áulis*. O poder autoritário toma as decisões (Agamenon) e sacrifica a filha, mas a causa original do sacrifício vem da inveja do irmão pueril (Menelau). Esses dois lados são contrários, no plano consciente, porém inconscientemente, por meio de sua possessividade, fazem uma aliança em prol do sacrifício da filha, isto é, do feminino juvenil emergente. As mulheres de hoje precisam confrontar essa divisão do princípio paterno e contribuir para sua cura. Nesse sentido, a redenção do pai pode desencadear o "re-sonhar" o pai, ou seja, uma fantasia feminina a respeito do que ele poderia ser e fazer. Minha decepção com Ifigênia foi que ela finalmente aceitou de bom grado ser morta. Mesmo que a situação externa de seu sacrifício, causada pela armadilha em que seu pai havia caído, parecesse inevitável, ela poderia ter se pronunciado movida por seu instinto e sabedoria femininos, dizendo a ele algo que fosse possível. Isso talvez tivesse produzido uma modificação na consciência masculina. As mulheres estão apenas começando a fazer isso agora: começando a partilhar seus sentimentos e suas fantasias e a trazê-los a público. As mulheres precisam contar suas histórias. Precisam dizer aos homens o que esperam deles. Precisam expor suas experiências mais autênticas, em vez de tentar justificá-las a partir de parâmetros masculinos, mas também precisam transmitir quem são a partir de um espírito de compaixão, e não de uma derrota amarga. São muitas as mulheres que permanecem prisioneiras da facticidade de suas vidas, cegas a suas próprias possibilidades. É assim que surgem a amargura e o cinismo. É nesse terreno que o valor da *puella* é redentor, dada sua profunda ligação com o reino das possibilidades e da imaginação, capaz de favorecer novas perspectivas e atuações, uma nova valorização do feminino. Quando essa visão criativa estiver combinada à força e ao foco da amazona, poderá emergir um novo entendimento do pai e um novo sentimento a seu respeito.

Há pouco tempo, pedi a uma de minhas turmas que escrevesse sobre suas fantasias de um pai bom. Ali havia mais mulheres na casa dos vinte e início dos trinta anos, mas também alguns rapazes. Sua composição coletiva sobre o pai foi a seguinte: Pai é um homem forte, estável, confiável, firme, ativo, ousado; além disso, é amoroso, carinhoso, compassivo, terno, provedor, atencioso e comprometido. Sua fantasia paterna criou um ser andrógino, ou seja, alguém com aspectos masculinos e femininos integrados em sua personalidade.

Um aspecto que apareceu inúmeras vezes foi que o pai deveria prover orientação, nos mundos interno e externo, sem porém "discursar" ou exigir. "Oriente e ensine; não force nem faça sermões", era como pensavam que o pai deveria dar ajuda em seu processo de formação dos próprios limites, princípios e valores e de estipulação do equilíbrio entre a disciplina e o prazer. Enfatizavam que o pai ensina pelo exemplo e *sendo* um modelo adulto de confiabilidade, honestidade, competência, autoridade, coragem, fé, amor, compaixão, compreensão e generosidade, nas áreas do trabalho, da criatividade, no plano social e ético, e em seus compromissos amorosos. Ao mesmo tempo, deve ter valores pessoais como algo claramente pessoal, sem tentar impô-los à filha ou apresentá-los como o "único jeito certo". Na qualidade de guia, deve oferecer-lhe tanto apoio como conselhos, e encorajá-la a ser independente e investigar as coisas por si mesma. No plano prático, encorajar e ensinar como administrar financeiramente e dar apoio às aspirações profissionais que tiver. Ao acreditar em sua força, beleza, inteligência e capacidade, se orgulhará dela. Entretanto, não deverá projetar seus próprios desejos insatisfeitos em sua filha, nem se mostrar dependente, ou exageradamente protetor. Deve, em vez disso, afirmar a singularidade dela como indivíduo, respeitando e valorizando sua pessoa, sua personalidade, sem porém esperar que assuma responsabilidades além das que sua idade lhe permitir. Esse pai será uma pessoa sensível e emocionalmente disponível quando ela precisar, no transcurso de seu desenvolvimento. Com sua noção de oportunidade (*timing*) e seu senso intuitivo de como é sua filha, poderá oferecer-lhe proteção e orientação nos momentos em que isso for necessário. Quando ela estiver pronta para se tornar adulta, ele perceberá seu momento e se afastará do papel de pai, adotando o nível de uma mútua amizade, pautada pelo amor e respeito necessários. Assim, ele também desejará e será capaz de aprender com ela. Enfim, pai e filha serão capazes de ouvir e falar com o outro, partilhando as experiências de vida e os ensinamentos que tiverem.

 A vida pessoal do pai, com seu prazer, satisfação e criatividade, foi um aspecto importante para essas filhas. Elas queriam que ele tivesse construído para si uma vida boa capaz de satisfazê-lo e desafiá-lo, vida em que se pusesse à prova e dela voltasse calmo, organizado, sólido, firme, confiável e, também, amável e capaz de se abrir para seus sentimentos e de expressar suas próprias vontades e necessidades. O pai desejável sabe tomar conta de si mesmo em nível emocional, físico, intelectual, criativo e espiritual. Esse cuidado dispensado a si mesmo deve ser o fundamento de seu cuidado em relação à filha. Para as mulheres dessa turma, era crucial que o pai fosse capaz de pedir ajuda quando precisasse, que pudesse manifestar sua própria vulnerabilidade, que fosse capaz de expressar abertamente seus sentimentos, com sinceridade e honestidade, em vez de ruminar em cima deles ou de demonstrá-los de forma explosiva. Era indispensável que o pai pudesse aceitar o amor que a filha sentia por ele.

Outro aspecto bastante importante era que seu relacionamento emocional primário ocorresse com a esposa, e não com a filha, de modo que esta não tivesse de suprir as necessidades emocionais dele e tivesse a liberdade de crescer em seu próprio ritmo. Se o pai respeitasse sua esposa como parceira forte, independente e competente, e não tratasse a esposa como filha, sendo autoritário, nem como mãe, sendo-lhe submisso, estaria apresentando um modelo de bom relacionamento conjugal para a filha e também um modelo do respeito que o homem e a mulher devem ter um pelo outro. Dessa forma, de acordo com o modo como se relaciona com a mãe, ele mostra como um homem se comporta num relacionamento com uma mulher madura.

A ponte para um relacionamento sexual era outro aspecto de extraordinária importância. O pai fornece o elo para uma relação segura com o sexo oposto, os homens. Se, no estágio apropriado, ele puder apreciar a diferença de sua filha e sua sexualidade feminina, até mesmo flertar com ela de maneira correta, estará então ajudando a vencer a distância até um posterior relacionamento sexual saudável. Uma vez que apóia as iniciativas da filha de modo não-possessivo, e sim com simpatia, no que tange a suas relações com os homens, ele ajuda e facilita seu crescimento nessa área.

Uma boa relação com sua criança interior e o senso de humor também foram qualidades essenciais apontadas por essas mulheres no pai ideal: ser capaz de brincar e desfrutar o mundo de sua filha, sem porém continuar ele mesmo sendo criança. O mais importante era que o pai estivesse disponível para ela quando necessitasse; que passasse uma consistência e uma sensação de confiabilidade, de honestidade, de capacidade de manter a palavra dada.

Embora a integração de todas essas qualidades possa parecer uma tarefa impossível, sobre-humana, essas filhas também não queriam que seus pais fossem "perfeitos". Como alguém comentou: "O pai deve ser humano e ter todo o direito às emoções que as pessoas têm. Se não souber alguma coisa, deve poder admiti-lo". Depois que uma aluna escreveu sua descrição, disse: "Isso é idealizado demais. Está me deixando nervosa". Outra afirmou que seu desenvolvimento pessoal tinha sido comprometido por um "pai perfeito", porque os outros homens não atingiam seu nível de devoção e por isso era difícil encontrar um relacionamento satisfatório com eles. Em suas palavras: "Meu pai me incentiva e acredita que eu possa fazer qualquer coisa. Às vezes me engano o suficiente para acreditar nele".

Redimir o pai é também redimir o feminino em si mesma; é de fato valorizar essa modalidade. Parte do problema com a mágoa pelo pai é que ele mesmo está fora de sintonia com o feminino: ou está privado dessa dimensão ou a desvaloriza assumindo a postura do patriarca rígido; pode ser também que esteja demasiadamente sob seu poder, como é o caso do eterno menino que perde sua própria capacidade de agir e se torna passivo. O primeiro ignora o poder do feminino; o outro lhe atribui muito poder, colocando-o num pedestal e por isso, paradoxalmente, acabando por desvalorizá-lo em sua realidade.

Se a mulher realmente se valoriza e age a partir do conjunto singular de suas necessidades, sentimentos e intuições peculiares, cria de um modo que é só seu e vivencia sua autoridade; será então verdadeiramente capaz de dialogar com o masculino. Nem é subserviente ao masculino nem o imita. Valorizar o que na verdade é único à dimensão feminina é algo muito difícil, porque, de fato, implica confrontar o coletivo sendo quem se é. A *puella* costuma adotar uma visão coletiva do feminino aceitando suas projeções e sendo o que o outro quer. A amazona de couraça, ao imitar o masculino, desvaloriza o feminino na medida em que, de maneira implícita, aceita o masculino como superior.

O que é o feminino? Em minha experiência, essa é uma pergunta que as mulheres estão atualmente se fazendo. Estão buscando, falando umas com as outras, tentando verbalizar suas vivências. Muitas sentem e vivenciam o feminino, mas não têm palavras para expressá-lo, porque nossa língua e conceitos têm se baseado em modelos masculinos. Redimir o feminino é, neste momento, uma busca desafiadora. Está em andamento. Está acontecendo! Como disse Muriel Rukeyser, em seu poema intitulado "Kathe Kollwitz":

> O que aconteceria se uma mulher dissesse a verdade a respeito de sua vida? O mundo se dividiria por completo[4].

---

4. Howe e Bass, eds., *No more masks*, Nova York, Doubleday-Anchor Books, 1973, p. 103.

CAPÍTULO
10

O ENCONTRO DO ESPÍRITO FEMININO

> *E agora nós que somos escritoras e monstros estranhos*
> *Ainda buscamos nossos corações para encontrar as respostas difíceis,*
> *Ainda esperamos poder aprender a pôr nossas mãos*
> *Com mais delicadeza e sutileza nas areias escaldantes.*
> *Sermos, através do que fazemos, simplesmente mais humanas,*
> *Chegarmos no poço fundo em que a poeta se torna mulher,*
> *Onde nada precisa ser renunciado ou posto de lado*
> *À pura luz cujo brilho emana do parceiro,*
> *À cálida luz que traz o fruto e a flor*
> *E aquele grande equilíbrio, aquele sol, o poder feminino.*
>
> May Sarton

Quando comecei a escrever este livro, pensei que fazer o capítulo intitulado "A redenção do pai" curasse a ferida profunda que durante tantos anos me havia feito sofrer. Esperava que a dor desaparecesse numa recordação do passado distante. Entretanto, não foi o que senti; em vez disso, senti mais dor. A ferida parecia ter ficado mais funda, e eu estava mais vulnerável e aberta a meus sentimentos de dor e raiva. Mais uma vez, tinha mergulhado na ferida pai-filha.

Enquanto estava em meio a essa confusão de sentimentos, escrevendo o provável último capítulo de meu livro ("A redenção do pai"), tive dois sonhos. O primeiro aconteceu um ou dois dias antes de eu tê-lo começado. Foi horrível e acordei chorando durante horas! Minha primeira analista, a mulher que eu admirava profundamente e que para mim tinha sido mãe e modelo, estava morta. Havia mandado uma mensageira da Europa para me dar três presentes. O principal, uma cuba dourada, enorme, esculpida a mão, parecia mais um cálice. Esse exótico presente deveria ficar em minha sala de estar. Também me mandou várias fotos minhas, tiradas na primeira vez em que entrei em análise. O terceiro presente eram recortes de jornal. Solucei e fiquei me dizendo que não podia ser verdade. Minha analista não podia estar morta. Queria telefonar à Suíça para saber. Entretanto, o sonho insistia em se repetir.

Após o choque inicial desse sonho, percebi seu significado simbólico. A morte daquela analista, que tinha sido meu modelo feminino e minha mãe, deixava-me entregue a mim mesma, mas eu tinha os presentes que ela me havia dado. As fotografias me recordavam o que era quando do início do processo de análise. Os recortes novos de jornal eram os relatos do que havia acontecido, e a cuba dourada de toucador, linda e trabalhada a mão, era o maior presente que ela poderia dar-me, simbolizando a união do "mais elevado e do mais reles". Minha analista, por sua aceitação e exemplo, havia ofertado a possibilidade de trazer à tona, valorizar e conter partes de mim até então rejeitadas — minha ira e minhas lágrimas —, assim como meu reprimido anseio pelo lado espiritual positivo de meu pai. O sonho mostrava claramente a importância desse presente em minha vida, e deveria ser colocado na parte central de minha casa, a sala de estar, não podendo ser relegado a um canto rejeitado da casa. Para mim, aquele sonho era uma imagem para a formação e a recepção de meu espírito feminino.

O segundo sonho ocorreu no meu aniversário, poucos dias após ter concluído a redação do capítulo citado. Nele, eu tinha pedido a outra analista, com quem estava fazendo análise, que cortasse e desse forma a meu cabelo, e depois fizesse uma permanente para que sua aparência fosse mais cheia e atraente. Para mim isso representava a modelagem de minha identidade feminina e a necessidade de dar-lhe mais substância e permanência.

A redenção do pai não era o último passo em meu processo de tentar curar a ferida. Meus sonhos estavam me mostrando que o final secreto não está no masculino, mas sim no feminino. O paradoxo da redenção paterna era que, em última análise, eu tinha de abandonar a projeção do espírito no pai para encontrá-lo no cerne do feminino. Redimir o pai significava encontrar o espírito feminino dentro de mim!

Ocorreu-me que meu modelo para curar a ferida tinha em parte sido masculino: a noção linear de que o progresso avança consistente, sempre adiante, acompanhando uma só direção até um ponto final. Minha vivência, porém, sempre me mostrara que o percurso da transformação era mais uma espiral ascendente. De modo inevitável, eu acabava retornando vezes e vezes às dores e aos conflitos centrais, e, a cada vez, a experiência parecia ainda mais dolorosa que antes.

A diferença era que o período de sofrimento parecia encurtar, e eu no fundo tinha mais força, coragem e capacidade para enfrentar essas questões dolorosas.

O valor desse sofrimento está expresso no poema de Robert Bly "What is sorrow for?" (Para que serve a dor?):

> Para que serve a dor? É um armazém
> de trigo, cevada, milho e lágrimas.
> É uma pedra redonda para se pisar e chegar à porta.
> O armazém alimenta todas as aves de dor.
> Eu digo a mim mesmo: Desejas

alguma dor enfim? Adiante, anima-te no outono,
sê estóico, sim, tranqüilo, calmo,
ou abre as asas no vale das dores[1].

Minha dor era mesmo um armazém, pois, a cada recaída, a qualidade de minha experiência era mais profunda, acolhedora, espontânea e alegre. A qualidade de minha vida parecia mais harmoniosa a cada volta dada em torno daquele círculo. A imagem da terceira tarefa de Psiquê, tirando água do riacho que escorria entre o mais alto cume das montanhas e as profundezas do mundo subterrâneo, era agora para mim uma imagem viva. Como o disse o filósofo Heidegger, meu pai espiritual: a imagem da existência humana é circular. Nossa vida prática é vivida de acordo com o relógio, ele dizia. Contudo, todos sabem que o tempo vivido não é essencialmente linear. Uma hora passada ouvindo uma envolvente sinfonia, ou amando, ou brincando, ou fazendo qualquer coisa em que estejamos profundamente envolvidos é vivida como um momento intenso, ao passo que cinco minutos numa palestra aborrecida ou em alguma atividade sem relação conosco parecem intermináveis. O tempo é, segundo ele, uma espiral que se move sem parar. O futuro vem continuamente até nós, mas a cada momento do presente imediato nos encontramos com o passado. Toda vez que esse processo acontece, somos confrontados com níveis novos e misteriosos de nosso ser. Devemos enfrentar o futuro desconhecido trazendo à tona tudo que tiver sido moldado por nós no passado.

Essa imagem do processo de cura como tempo cíclico libertou-me de minha expectativa egóica, segundo a qual, se eu desse os passos A, B, C etc., teria superado para sempre meus problemas. Aquela imagem permitiu-me configurar uma visão mais abrangente e suave de mim mesma e de meu caminho pela vida. Também recordei que, certa vez ao consultar o *I Ching* sobre uma imagem da transformação da ferida pai-filha, o hexagrama obtido foi REVOLUÇÃO (49); a segunda

---

1. Robert Bly, "What is sorrow for?" (poema inédito).

linha móvel produziu o hexagrama 18: "Trabalho sobre o que se deteriorou". Neste, há mensagens sobre a deterioração original da imagem paterna. Era esse o trabalho a ser feito.

O hexagrama REVOLUÇÃO refere-se especificamente às estações da transformação. A imagem dada pede ao homem superior que organize o calendário e marque com clareza o período das estações. "O homem pode chegar a exercer um domínio sobre essas mudanças na natureza quando, percebendo sua regularidade, divide o fluxo ininterrupto do tempo em períodos correspondentes"*, quer dizer, adaptando-se apropriadamente a cada estação. Seguir o ciclo sazonal da Natureza é a imagem que recebi para iluminar a transformação da ferida pai-filha e para encontrar o espírito feminino.

No plano interno, isso significa que devemos aceitar cada estação do ano na sua vez. Agora, enquanto escrevo isto, é outono, o momento em que desfrutamos o último esplendor de maturação das horas douradas do verão indiano. No entanto, já podemos sentir o advento do tempo frio, da morte e da limitação, o prenúncio de uma nova descida à escuridão que precisa preceder o alegre renascimento. Em breve será inverno, tempo de aceitação do frio exterior e de voltar-se para o interior, da hibernação e a espera paciente que não pode falar de vitória, mas sim se conter e suportar a escuridão. Pode-se às vezes sentir a vida se agitando, porém nunca se sabe se o nascimento terá êxito. No inverno, é preciso que se aceite esse "não-saber" e que se afirme a vida sem resultados, que se afirme a vida em si e a partir de si mesmo. Depois vem a primavera, quando a vida renasce e aparecem os brotinhos verdes. Essa é a estação das possibilidades — pensando assim seria mais fácil aceitá-la. No entanto, sabemos que os índices de suicídio são os mais elevados nessa época do ano. Se não houve uma relação adequada com o inverno; se houve uma briga, e não a verdadeira aceitação da possibilidade tanto da vida como da morte; se tiver havido um mergulho profundo de-

---

* Nota da Tradutora: *I Ching*, cit., p. 154.

mais, causador de um esquecimento sobre a passagem das estações, pode ser que a pessoa então não consiga aceitar o novo, temendo-o em suas mudanças, e se apegue à depressão e ao velho. Muitas mulheres perdem anos e anos de suas vidas alimentando a depressão e o desespero, sem jamais aceitar suas possibilidades, recusando-se a entrar no mundo, recusando o espírito. A primavera significa cuidar das novas possibilidades, quando crescem, dar-lhes água, alimentá-las. Por fim vem o verão: o auge de todas as possibilidades, sua tradução para o concreto, sua consolidação e o prazer de desfrutá-las. Parece-me que é esse o desafio central das mulheres: serem quem são, em sua totalidade, aceitando tanto a luz como a escuridão, e o novo ciclo de estações por vir. A ferida está lá e faz parte de nossa experiência. Por isso temos de aprender a aceitá-la e a viver com ela, sem no entanto deixarmos de nos relacionar com as novas possibilidades de cura. Isso demanda um esforço concentrado e a disposição de irmos até o fundo, para então ouvirmos e falarmos de nossa experiência feminina.

No conto de fadas "A menina corajosa", impressionou-me o fato de ter sido necessário ela vestir roupas de homem para poder obter o remédio que curaria a cegueira do pai. Outras heroínas, como Joana D'Arc, por exemplo, também acharam necessário usar roupas masculinas para atingir seus objetivos. Vestir-se conscientemente como homem é diferente de ser uma amazona de couraça, pois, se se trata de um disfarce escolhido com deliberação, pode ser também despido quando não servir mais. Às vezes, é preciso adotar o vestuário masculino para se poupar, se a mulher pretende ir à luta no mundo e afirmar os valores femininos. Penso em Rosalind, heroína de *Como gostais*, de Shakespeare. Ela precisou se disfarçar para escapar aos maléficos desígnios do duque que havia destronado seu pai, e escolheu continuar disfarçada para verificar até que ponto era verdadeiro o amor de Orlando, em vez de seduzi-lo aceitando as projeções femininas que ele fazia. Se a mulher se disfarça de homem, pode verificar como seu possível amor se comporta consigo, como amigo, e também como é visto seu trabalho pela cultura, quando não se lhe aplicam projeções coletivas. Assim se expressa Rosalind quando se prepara para envergar os trajes masculinos:

> Ai, que perigo será para nós,
> Virgens que somos, viajar para tão longe!
> A beleza provoca os ladrões mais do que o ouro.
> ... Não seria melhor,
> Porque sou mais alta do que o comum,
> Que eu me mostrasse em todos os sentidos como um homem?
> Gibões elegantes sobre as coxas,
> Chicote de pêlo em minha mão, e em meu coração
> Que se esconda o que de medo abriga uma mulher.
> Por fora um fanfarrão lutador,
> Como tantos outros covardes do sexo masculino
> Que assim encobrem com bravatas sua realidade[2].

Embora a mim pareça necessário esse passo no caminho da liberação das mulheres, sinto que agora é chegado o momento de usarem suas próprias vestimentas e de falarem segundo sua sabedoria e força femininas. O feminino — o que é? Não acho que possamos defini-lo, entretanto podemos experimentá-lo e, a partir dessa experiência, tentar expressá-lo através de símbolos e imagens, formas de arte por meio das quais possamos estar no mistério daquela experiência e, não obstante, conseguir ainda traduzi-la em palavras. Há pouco tempo, uma mulher me contou que, pela primeira vez em sua vida, sentiu o que era o feminino, mas não conseguia pôr em palavras sua vivência. Não lhe haviam ocorrido tampouco imagens. Nem por isso estava negada a intensidade, o valor e a conscientização daquele momento. Um dos desafios que as mulheres de hoje têm pela frente é não apenas estarem abertas à experiência do feminino, mas também tentarem exprimi-lo de um modo próprio.

Pedi recentemente a uma de minhas turmas que descrevesse suas imagens e experiências do espírito feminino. A mesma turma havia descrito num momento anterior daquele semestre suas fantasias relativas ao bom pai. Isso não lhes ti-

---

2. William Shakespeare, *As you like it*, ato 1, cena 3.

nha sido difícil de fazer, e as descrições que deram apresentaram uma semelhança espantosa. Porém, quando se tratou de falar do espírito feminino, no começo ficaram imobilizados. Suas descrições foram muito diferentes. A única experiência comum era que nenhuma daquelas mulheres achava que a mãe serviria como modelo. Precisaram voltar-se para dentro de si mesmas e trazer à tona suas próprias experiências.

As mulheres estão começando a se dar conta de que os homens sempre definiram a feminilidade através de suas expectativas conscientes do que as mulheres podem ou não fazer e através de suas projeções inconscientes nelas. Isso teve como resultado uma visão distorcida não só das mulheres, mas também do lado feminino interior nos homens. Primeiro, as mulheres precisam se tornar conscientes dessas definições e projeções, identificando aquelas que as definem e aquelas que não. Há muitos homens capazes de ajudá-las nisso, pois, sendo sensíveis ao feminino, sendo receptivos e acolhedores, podem acrescentar suas próprias experiências de feminilidade à nossa forma de entendê-la. O poeta Rilke era muito sensível ao âmbito feminino e, há muito tempo, constatou algumas das forças especiais e das qualidades peculiares ao espírito feminino. Entretanto, no fundo, as mulheres precisam mesmo é contar suas histórias a partir de suas próprias experiências pessoais e sentimentos, sem deixar porém de levar em conta o universal.

Quando as mulheres começarem a sentir confiança e a exprimir os valores de seu próprio modo de ser, serão capazes de curar o masculino, o qual, nelas, nos próprios homens e na cultura, está ferido por causa de seu precário relacionamento com o feminino. Consideremos o seguinte sonho de uma mulher cuja relação com o pai tinha sido prejudicada:

> Sou enfermeira num hospital. O paciente é um homem atraente que está acamado. Ele não tem o braço esquerdo. Em vez da deficiência, há uma aura mágica em torno do fato de ele não ter o braço. Seguindo suas instruções, instalo um braço nele. A única sensação é a de amor. Quando acordei, sentia-me completa.

Esse sonho mostra à sonhadora seu próprio poder de curar o masculino interior. Sua relação com o pai tinha sido de mágoa, e isso havia comprometido seu vínculo com o masculino, mas, apesar disso, tinha em seu íntimo recursos para curar essa ferida. Nesse caso, a cura se processa através de um esforço conjunto dela e do homem.

Outro sonho, de um homem, manifesta o poder do feminino para curar o masculino ferido nos homens em particular e também em nível cultural. Ele era um homem amoroso, interessado, sensível, que valorizava em alto grau o feminino nas mulheres e em si próprio. O sonho revela a ferida no masculino em nível arquetípico, e expõe seu efeito na cultura.

> Estava indo até a casa de uma mulher desconhecida de cabelo escuro. Sentia por ela muito desejo e só tinha sexo em mente. Quando ela abriu a porta, soube imediatamente que era uma pessoa incomum e que havia algo a aprender com ela. Ainda assim, perguntei se poderíamos fazer sexo e ela me olhou como se dissesse: "Tá bom, se é só isso que você sabe". Depois a cena muda e eu estava no funeral do Presidente Kennedy. Seu corpo estava dentro do caixão e as mãos, os braços, as pernas e os pés estavam desmembrados. De repente, a mulher de cabelo escuro se adiantou e recolocou no lugar os pedaços de seu corpo, curando-o.

Esse sonho revela a ferida do masculino. O poder de cura do feminino, simbolizado pela mulher desconhecida de cabelo escuro, está presente, mas, a princípio, o sonhador não o reconhece e só se relaciona com ele através da antiga modalidade masculina da posse sexual. Mesmo então, ele sabe, num nível mais profundo, que ela tem algo mais a lhe oferecer. O poder redentor feminino de cura se revela com grande intensidade no final do sonho, quando a mulher desconhecida reúne o corpo desmembrado do presidente, regente cultural do país.

Lembremo-nos aqui do reconhecimento que, na mitologia antiga, é dado ao poder feminino de cura. Lá, a deusa Ísis, rainha do Egito, encontra as partes do corpo desmembrado do Rei Osíris, seu marido, e as reúne, curando-o. Está faltando uma parte, o falo, mas Ísis confecciona um outro de madeira, e o instala no corpo de Osíris. Encontro aí um paralelo com o conto "A donzela sem mãos". Da mesma forma como seus braços foram amputados e um homem lhe ofereceu braços artificiais de prata até que os seus próprios se regenerassem naturalmente, por meio de sua habilidade de aceitar o sofrimento, também o falo criativo de Osíris precisaria da ajuda da mulher para se regenerar. Neste momento atual de tecnologia, em que a ênfase sobre realizações e controle é preponderante, é como se o falo criativo estivesse perdido e os homens tivessem de sacrificar sua filha interior ao demônio, por meio da possessividade. É freqüente sentirem medo de constatar suas feridas e é comum que tenham perdido o contato com suas lágrimas. O espírito feminino, que tem a coragem de encarar tanto a ferida como o poder da ira e das lágrimas, pode curá-los ao dar o devido valor ao poder cíclico natural do crescimento sazonal e à capacidade que a natureza tem de receber as novas sementes da criatividade.

LINDA S. LEONARD

Analista junguiana com formação no Jung Institute de Zurique, Suíça, clinica como analista junguiana há mais de vinte anos. É membro do Instituto C. G. Jung de São Francisco, da Sociedade Internacional de Analistas Junguianos e da Sociedade Inter-Regional de Treinamento de Analistas Junguianos, da qual é uma das fundadoras. Seus estudos de pós-graduação incluem mestrado em filosofia e doutorado em existencialismo e fenomenologia. Lecionou em várias universidades e tem proferido constantemente palestras e coordenado *workshops* nos cinco continentes. Seus livros já foram traduzidos para doze idiomas, estando freqüentemente na lista dos mais vendidos. Trabalha também como consultora na área de criatividade.